Salud emocional en tiempos de crisis

JORGE L. TIZÓN

Salud emocional
en tiempos de crisis

Reflexiones desde una pandemia

Herder

Diseño de la cubierta: Herder

© 2020, *Jorge L. Tizón*
© 2020, *Herder Editorial, S.L., Barcelona*

ISBN: 978-84-254-4624-5

Imprenta: Ulzama digital
Depósito legal: B-14.946-2020

Impreso en España – Printed in Spain

Herder
www.herdereditorial.com

Índice

Prefacio

En los tiempos sombríos, ¿se cantará también?
También se cantará sobre los tiempos sombríos.
Bertolt Brecht, *Poemas y canciones*

A instancias de la editorial Herder redactamos este libro, cuya primera edición se publicó en epub bajo el título *Salud emocional en tiempos de pandemia. Reflexiones urgentes,* muy al principio de la crisis social desencadenada por la pandemia de la COVID-19 y las medidas de excepción adoptadas ante ella por numerosos países.

Gracias al tesón del equipo de la editorial —también en tiempos de crisis— es probable que este fuera uno de los primeros libros publicados en castellano sobre el tema. Posiblemente porque su objetivo era modesto: presentar una serie de reflexiones sobre esta situación, para todos sorprendente, pero partiendo de anteriores textos y temas propios, en los que estaba trabajando, así como de las numerosas reflexiones y aportaciones creativas que se generaron ya desde el comienzo de la crisis.

La intención era presentar ideas que sirvieran para reflexionar durante la pandemia y, sobre todo, realizar una serie de sugerencias que nos pudieran orientar de cara al futuro: como cuidar y cuidarse, cómo repensar ese futuro y cómo participar en su rediseño. Ya parece seguro que la pandemia de la COVID-19 ha puesto en marcha una crisis socioeconómica y un impacto cultural y social que, querámoslo o no, va a cambiar el mundo. Pero habrá que trabajar, y creativamente, para que sea para bien. Sobre todo porque, teniendo en cuenta lo que llevamos de siglo, con las numerosas guerras mortíferas y epidemias aún en marcha, la crisis económico-política del 2008, la perentoria crisis climática, y ahora con la pandemia del coronavirus, no parece que la humanidad pueda esperar en los próximos decenios un futuro plácido y aproblemático. Hemos maltratado tanto nuestro ecosistema y el conjunto de los ecosistemas del planeta globalizado que lo único que puede decirse con seguridad de las crisis… es que habrá más.

Estas reflexiones han partido de una idea básica: el impacto mundial de esta pandemia es tan nuevo y tan inesperado que no sabemos por dónde irán los acontecimientos. Lo único que sabemos es que no serán como habíamos previsto, como esperábamos o como hubiéramos deseado en el ahora lejano 2019. Las circunstancias y, por tanto, las previsiones de futuros cambian casi cada semana, al menos en estos momentos. La COVID-19 ha puesto en primer plano numerosas incertidumbres sobre nuestro mundo y agrietado anteriores certidumbres sobre este. Pero también por ello es una fuente de conocimiento y prevención para las crisis que, con seguridad, seguirá soportando esa humanidad globalizada e inquieta, si no asustada, de nuestros días. De ahí han venido algunas de las correcciones realizadas al volumen y, desde luego, los añadidos. Se trata pues de una edición corregida y aumentada, pero con los mismos objetivos de ayudar a cuidar, a cuidarse y a pensar y repensar el futuro. Todos hemos tenido que hacer numerosas correcciones de nuestras expectativas, fantasías y deseos; y tendremos que seguir haciéndolas. Todos y cada uno de los lectores tienen sus páginas personales por escribir, pues inevitablemente hay y habrá muchas páginas aún por *reescribir:* no solo en papel o electrónicas, sino también en la vida de cada uno de nosotros y, más allá, en la historia y en la cultura.

¡Salud, apoyo mutuo y creatividad para los próximos años!

1. Introducción.
Una peste fuera de su época

Todo el mundo se ha alterado con la epidemia de la COVID-19, del «coronavirus». Más aún los llamados *países desarrollados,* que suelen ver las epidemias «desde la barrera». Sin embargo, en este caso, la crisis sanitaria y social está afectando a toda la población y se ha extendido ya a todo el globo. Por eso vale la pena reflexionar sobre algunos temas que los medios de comunicación, tertulianos, comentadores e incluso expertos han tenido menos en cuenta: las cuestiones propias de la salud mental y de las emociones que se ven alteradas con este tipo de pandemias y crisis. Para ello, hemos de recordar, aunque solo sea de manera esquemática, las características de la pandemia de la COVID-19 [42, 66, 86, 91, 107, 159],[1] que a partir de aquí, para abreviar, llamaremos COVID-19 o C-19.

¿Qué es el nuevo coronavirus? Los coronavirus pertenecen a una amplia familia de virus que por lo general solo afectan a los animales. Algunos tienen la capacidad de transmitirse a las personas, como es el caso del coronavirus SARS-CoV-2, un nuevo tipo de co-

---

1.   Los números que aparecen entre corchetes hacen referencia a la bibliografía, organizada alfabéticamente, que se presenta al final del volumen.

ronavirus que se detectó por primera vez a finales del 2019 en la ciudad de Wuhan, provincia de Hubei, en China. Todavía hay muchas cuestiones que se desconocen en relación a la enfermedad que produce dicho coronavirus.

Epidemia y pandemia. Ante el avance de la epidemia y su mortalidad, el 30 de enero de 2020 la Organización Mundial de la Salud declaró el brote del coronavirus SARS-CoV-2 como emergencia de salud pública internacional. El 11 de marzo de 2020 declaró la pandemia. Buena parte de los gobiernos y Estados de la humanidad aplicaron desde entonces medidas de emergencia, confinamiento y/o cuarentena excepcionales en nuestro siglo. El gobierno español decretó el estado de alarma para gestionar la situación el 14 de marzo del 2020. El Real Decreto 463/2020 incluía severas medidas de confinamiento, cuarentena y aislamiento social.

¿Cuáles son los síntomas de la enfermedad COVID-19**?** Fiebre y malestar general, tos y sensación de falta de aire. En algunos casos también puede haber síntomas digestivos como diarrea y dolor abdominal, así como síntomas cutáneos, de las mucosas y neurológicos. La mayoría de los casos presentan síntomas leves. En casos más graves la infección puede causar neumonía, dificultad importante para respirar, fallo renal e incluso la muerte. Los casos más graves generalmente se dan entre las personas de avanzada edad y/o que padecen alguna enfermedad crónica.

¿Cuáles son los grupos vulnerables? Los principales grupos vulnerables son los mayores de 60 años y aquellas personas diagnosticadas de hipertensión arterial, diabetes, enfermedades cardiovasculares, enfermedades pulmonares crónicas, cáncer e inmunodeficiencias.

¿Cómo se transmite el nuevo coronavirus? Parece que la transmisión se realiza por contacto estrecho con las secreciones respiratorias que se generan con la tos, el estornudo y la respiración de una persona enferma. Su capacidad de contagio depende de la cantidad del virus en las vías respiratorias. Estas secreciones infectarían a otra persona si entran en contacto con su nariz, sus ojos o su boca bien directamente, bien a partir de superficies contaminadas. Parece poco probable la transmisión por el aire a distancias mayores de 1 o 2 metros. Sin embargo, su capacidad de contagio en aglomeraciones es alta. El periodo de incubación (tiempo entre el contagio y la aparición de síntomas) se cree que está entre 2 y 14 días.

Peligrosidad de esta pandemia. Proviene, sobre todo, de la inexistencia de tratamientos específicos y de vacunas, dado lo desconocido de la acción del virus en la especie humana. La peligrosidad de la pandemia, inicialmente infravalorada por no haber tenido suficientemente en cuenta sus consecuencias sanitarias, psicológicas y socioeconómicas ha sido mucho mayor de la prevista inicialmente. Por un lado, porque aún no hay una inmunización espontánea de la población. Por otro, porque no hay vacunas o tratamientos eficientes para combatirla. En tercer lugar, porque dada la rapidez de su propagación, ha llegado a colapsar los servicios sanitarios de varios países, provocando crisis sanitarias y crisis sociales.

¿Cuál ha sido la situación en España? La pandemia llegó al nivel de *transmisión comunitaria sostenida y generalizada.* Las radicales medidas de confinamiento y aislamiento social decretadas lograron detener con cierta rapidez esta primera oleada de la epidemia. Hay numerosos sitios web donde los datos pudieron y pueden irse actualizando progresivamente [43, 66, 86, 90, 91].

Teniendo en cuenta la morbilidad de la C-19, el problema con el que se enfrentó el gobierno español (y otros muchos) en marzo de 2020 fue la falta de una atención primaria a la salud suficientemente potente como para modular la pandemia desde el inicio, así como la escasez relativa de camas hospitalarias y la escasez de camas en las Unidades de Cuidados Intensivos. Todo ello trasformó una epidemia no muy grave a nivel estrictamente biológico (su índice de mortalidad es menor que el de otras epidemias [56, 107, 123, 158]) en una emergencia sanitaria y social de primer orden.

Medidas de protección. Coinciden con las medidas genéricas de protección individual frente a enfermedades respiratorias, pero su generalización ha de tener amplias repercusiones sociales e incluso culturales:

- Higiene de manos frecuente (lavado con agua y jabón o soluciones alcohólicas), especialmente después de tener contacto directo con personas enfermas, con su entorno o con objetos contaminados.
- Al toser o estornudar es importante cubrirse la boca y la nariz con el codo flexionado.
- Hay que evitar tocarse los ojos, la nariz y la boca, ya que a través de las mucosas se facilita la transmisión.
- Según en qué países y lugares, se recomiendan o imponen las mascarillas para disminuir la difusión y recepción de secreciones respiratorias.
- También se recomienda mantener una distancia física de más de 2 metros entre no convivientes.
- Se debe usar pañuelos desechables y han de tirarse en bolsas cerradas tras su uso.
- Si aparecen síntomas respiratorios se debe evitar el contacto cercano con otras personas, mantener una distancia física de 2 metros y conectar con los servicios sanitarios, a ser posible, de atención primaria. Por lo que parece, en España no han de aplicarse

especiales precauciones con los animales ni con los alimentos.

¿Qué medidas de control se tomaron? Teniendo en cuenta la emergencia sanitaria que se pronosticaba, el 14 de marzo de 2020 el Gobierno español declaró el estado de alarma en todo el territorio. Se buscaba proteger la salud de la ciudadanía, contener la progresión de la enfermedad y reforzar el sistema de salud pública. Se han podido, y aún se pueden, consultar numerosas fuentes oficiales para informarse de la situación de alarma y de las medidas a las que esta obligó y, si hay rebrotes, obligará. Es importante, para evitar *fake news,* seguir exclusivamente las informaciones y recomendaciones oficiales [43, 66, 86, 90, 91, 159].

¿Qué hacer si aparecen síntomas? Las personas que presenten fiebre o tos deberán quedarse en su domicilio y contactar con los servicios de atención primaria o con los teléfonos habilitados por cada Comunidad Autónoma, que se pueden consultar en: https://www.mscbs.gob.es/profesionales/saludPublica/ccayes/alertasActual/nCov-China/telefonos.htm

Si se tiene sensación de falta de aire, empeoramiento o sensación real de gravedad por cualquier otro síntoma, se puede llamar al 112.

Toda epidemia supone alteraciones y peligros a nivel biológico, psicológico y social. Ahora lo percibimos con más claridad que nunca. Siglos después del nacimiento de la medicina científica seguimos pensando, con razón, que los mayores peligros de una epidemia de una enfermedad grave son ante todo de carácter biológico. Y en parte así es: hay que circunscribir el término *epidemia* a sus realidades biológicas, es decir, al peligro que representan para la vida y para la salud de los ciudadanos. Pero no es menos cierto que toda epidemia conlleva una «epidemia emocional y social», es decir, que en toda epidemia se pone en peligro no solo la salud de los ciudadanos, sino también su estabilidad mental y emocional, tanto de las personas como de los grupos y colectivos. Además, algunas epidemias pueden producir graves alteraciones o cambios sociales.

2. Diferencias entre esta y otras epidemias

Como ya hemos recogido, según la documentación científica y oficial, los coronavirus son una amplia familia de virus que normalmente afectan a animales [42, 43, 54, 91, 97, 123, 159]. Sin embargo, parece que algunos tienen una capacidad de transmisión desde los animales a las personas. La mayor parte de las informaciones afirman que el nuevo coronavirus SARS-CoV-2 se detectó por primera vez en diciembre de 2019 en la ciudad de Wuhan, aunque el rastreo de la infección hace pensar que la epidemia había comenzado meses antes. A la enfermedad que produce se la denomina COVID-19, aunque todavía hay muchas cuestiones desconocidas o por debatir en relación con esta.

Como recuerdan las agencias públicas, el coronavirus se transmite por el contacto directo con las secreciones respiratorias que se generan con la respiración, la tos o el estornudo de una persona portadora. Su capacidad de contagio depende de la «carga viral» (cantidad del virus en las vías respiratorias). Estas secreciones infectarían a otra persona si entran en contacto con su nariz, sus ojos o su boca. Parece poco probable la transmisión por el aire o a distancias mayores de 1 o 2 metros, si bien las aglomeraciones que habitualmente se dan en los países industrializados o «posindustrializados» hace que su poder de transmisión, su «tasa reproductiva» o «de contagio» sea relativamente alta. Cada persona tiende a contagiar entre 0 y 5 personas de su medio y no se sabe a cuántas en lugares públicos y aglomeraciones [43, 66, 77, 107, 123, 159].

Numerosos expertos transmitieron a partir de marzo de 2020 que el nuevo virus es más contagioso y probablemente más letal que la gripe. La mortalidad de la COVID-19 ha variado ampliamente a lo largo de la epidemia, aunque en marzo de 2020 se calculaba que en China era del 2,3 % (población más joven, confinamiento radical) y del 6,8 en Italia (población envejecida, confinamiento tardío). El informe del Imperial College británico [66], con datos de China, Reino Unido y Estados Unidos, calculó que de los octogenarios infectados fallecería el 9,3 %, si bien este porcentaje, más tarde, ha sido corregido al alza en casi todos los países. También, que si la epidemia no era contenida y se permitía su evolución «natural» habría que predecir más de medio millón de muertes en Gran Bretaña y más de dos millones en Estados Unidos, sin contar con los efectos potencialmente negativos que la pandemia tendrá en los sistemas sanitarios, aumentado la mortalidad por otras causas.

Sin embargo, como acabamos de recordar, la afección o enfermedad que produce este virus con nuestros medios higiénico-sanitarios es leve en la gran mayoría de los casos, salvo para la población vulnerable que acabamos de resumir: personas mayores y personas con otras patologías graves concurrentes. Muchas de las personas que están contagiadas (y que pueden transmitirla) ni siquiera notan síntomas o molestias acusadas: esa es una de las causas de su alta RO (reproductibilidad o ritmo de reproducción). Se discute si es una enfermedad menos grave que la gripe común y, desde luego, tiene una tasa de mortalidad menor que otras epidemias (la tasa de muertos según casos comprobados). Es probable que incluso disminuya con la generalización de la transmisión comunitaria (mayor número de infectados, pero sin que podamos seguirlos a todos ni detectarlos, dada la levedad de los síntomas). El problema, como ya se ha dicho, ha sido la concentración en el tiempo de los enfermos y la ausencia de tratamientos. Esas son algunas de las *características biológicas* de esta nueva enfermedad.

A lo largo de la historia los seres humanos hemos sufrido diferentes epidemias y pandemias graves. Baste recordar la *peste antonina,* que en el siglo II se cobró más de cinco millones de víctimas; la *peste de Cipriano,* en el siglo III; la *peste negra,* que en el siglo XIV acabó con cerca del 40 % de la población europea (alrededor de 200 millones de muertos); la *viruela,* contagiada a aztecas y mayas, con más de 50 millones de muertos como resultado; el *cólera* durante el siglo XIX, también con millones de muertos; la *gripe española* de 1918, con entre 40 y 50 millones;[2] el *sida,* con más de 30 millones y aumentando…

Durante el siglo XXI, sin embargo, las epidemias han tenido menos mortalidad mundial, tal vez por el desarrollo de los sistemas sanitarios e higiénicos en todo el globo. La epidemia del SARS, la gripe aviar, la gripe A, el cólera (endémico en varios países), el ébola en 2014, el síndrome respiratorio por coronavirus de Oriente Medio (2012-2015), el zika (2014), la tuberculosis… todas ellas han supuesto la muerte de varios millones de personas, aunque la pandemia de la COVID-19 pronto superará en morbilidad y mortalidad a cada una de ellas.

2.   Hay quien cifra en 100 millones los muertos pues, siguiendo al pie de la letra el aforismo de que «el primer muerto en la guerra es la verdad» aún sigue desconociéndose su repercusión entre soldados de todos los ejércitos y en la población civil, sometidos a penosas situaciones sanitarias por causa de la sanguinaria Primera Guerra Mundial. Precisamente se llama *gripe española* (cuando tal vez debería llamarse la *gripe de Kansas* o gripe del virus Influenza A, subtipo H1N) porque, al no haber participado España directamente en la guerra, no existió una censura tan férrea sobre la epidemia (al revés que los ejércitos y gobiernos combatientes, que la ocultaron con resultados de millones de muertos entre sus propios pueblos y ejércitos).

La diferencia más notable entre esta y otras epidemias anteriores tal vez consista en el peso que los componentes socioeconómicos y psicológicos están teniendo y en la rapidez de su conversión en crisis social.

Por un lado (véase la tabla 1 al final del capítulo) se trata de una epidemia que, al menos en sus inicios, ha afectado más a los países desarrollados y urbanizados del globo (China ha de ser considerada uno de ellos). Se trata de una **pandemia del desarrollo**, que azotó de entrada a los países con cierto desarrollo tecnológico. Su impacto acrecentado se debe a la particular combinación de epidemia y aislamiento social impuesto, y ello en sociedades desarrolladas, es decir con tupidas redes de contactos sociales y comunicacionales [42, 43, 123, 159].

En segundo lugar, es una **pandemia reveladora**. A pesar de los estados de emergencia sociales, aún siguen barajándose hipótesis diversas sobre el origen de la epidemia, su desarrollo y evolución… Como ante toda crisis en las sociedades tardocapitalistas, las redes sociales y los medios de comunicación tradicionales difunden desde las fantasías más extremadamente conspiranoicas hasta las perspectivas más tecnocráticas, tampoco faltan, desde luego, perspectivas políticas, ideológicas, comerciales y financieras interesadas y perversas. Žižek [2, 160], además de otras aventuradas afirmaciones, ha sostenido que la actual expansión de la epidemia del coronavirus ha detonado las epidemias de *virus ideológicos* que estaban latentes en nuestras sociedades: noticias falsas financiadas al por mayor, teorías conspirativas paranoicas y explosiones de supremacismo y racismo. Sostiene que ha hecho saltar a primer plano el complejo tema de la información/desinformación/ocultación de datos y conocimientos en nuestros sistemas sociales, teóricamente «avanzados» y «democráticos», pero llenos de anomalías y distorsiones en este campo. En la era de la intercomunicación y de las redes sociales informatizadas globales, ¿cómo se están manejando esas redes, la información confidencial, la de espionaje y contraespionaje, la militar, la farmacéutica, la sanitaria, la información sobre nuestras vidas...? Hay un virus que ha hecho salir todo esto a la luz, señal de que la zona vulnerable, la herida abierta, estaba muy en superficie, muy cerca de la «zona de contacto»; ha quedado patente que entre el *big data* y los virus ideológicos e informáticos no hay tanta distancia: forman parte de la misma estructura.

En tercer lugar, es una pandemia que pone de manifiesto la vulnerabilidad de los sistemas sanitarios, incluso los más desarrollados y sólidos. Es una **pandemia de la vulnerabilidad sanitaria**. Desde luego, es evidente que la pandemia ha llevado a una situación de saturación o «sobrecalentamiento» de tales sistemas sanitarios, sobre todo en los países del sur de Europa —y no digamos en los países «en desarrollo»—, países sometidos durante decenios a las medidas de austericidio y recortes. Así, ha obligado a replantearse cómo gestionar las crisis de sobrecarga de los sistemas sanitarios: organización, presupuestos, prioridades, necesidades tecnológicas, necesidades de los profesionales (formación, actitudes y aspectos emocionales a reforzar y entrenar), ética y bioética... [59, 107].

Otro aspecto de la vulnerabilidad sanitaria es que durante esta crisis, los trabajadores sanitarios de los servicios públicos han estado sometidos a una serie de circunstancias que desafían su salud, pero también sus capacidades de elaboración emocional, contención y resiliencia: sobrecarga y desbordamiento de la demanda asistencial, riesgo de infección continuado, equipos de protección personal insuficientes e incómodos, necesidad de proporcionar no solo atención sanitaria, sino también apoyo psicológico intensivo a pacientes y familiares, existencia de una gran presión emocional en las zonas de atención directa, dilemas éticos y morales, etc. [1, 54, 59, 63, 76, 123].

Es difícil saber aún, al menos cuantitativamente, cuál ha sido su repercusión en países con un sistema de salud menos organizado o sometidos a bloqueos, como Irán, Siria, Somalia,

Congo y otros muchos, pero la situación en Brasil, Chile, México, Perú, Colombia, y otros países no deja lugar a dudas sobre la magnitud de la catástrofe. Y todo ello a pesar de la mortalidad e incluso morbilidad iniciales de la COVID-19. Si bien esto siempre ha sucedido con las grandes pandemias, la diferencia notable en el caso de la C-19 es que, tan solo hace unos meses, ni los más pesimistas habrían podido predecir tal situación. ¡Estábamos tan seguros de nuestros sistemas sanitarios «desarrollados»!

Hay al menos dos razones de peso que han contribuido a saturar los sistemas sanitarios durante esta epidemia. La primera es, desde luego, la inexistencia hasta el momento de tratamientos eficaces (aunque es más que probable que se descubran y que se pongan en marcha en pocos meses). La segunda razón proviene de una de las características fundamentales de la organización social tardocapitalista: resulta imposible sostener sistemas sanitarios tan desiguales y aislacionistas. Con medidas sanitarias diversas, con fronteras cerradas o no, con cierres del espacio terrestre, marítimo y aéreo o no, la epidemia se ha extendido por muchos países y, lo que es bastante probable, seguirá extendiéndose más. Es, por tanto, una **pandemia de la crisis del aislacionismo sanitario,** que denuncia la irresponsabilidad e ineficacia de dicho aislacionismo, claramente supremacista en el caso de Estados Unidos, la Unión Europea y Rusia.

En cuarto lugar, es una **pandemia social**, una pandemia para nuestras relaciones sociales. Ha llevado a medidas de aislamiento social desconocidas en la historia de la humanidad que, a su vez, han puesto en crisis todo el modo de producción, toda la organización social. Las medidas sociales y económicas activadas para intentar frenar la epidemia (con cierre de actividades no esenciales, aislamiento social, cuarentenas y distancia social) han sido radicales, propias de una guerra o posguerra. El confinamiento obligado de las personas en el domicilio con el consecuente cese de toda actividad social o económica no esencial, es un fenómeno prácticamente inédito en la vida de la mayoría de las poblaciones que lo han sufrido. Está teniendo y tendrá repercusiones biopsicosociales específicas y poco estudiadas, que añaden nuevas incertidumbres a la incertidumbre de esta pandemia [1, 24, 59, 63, 73, 107]. Particularmente, en determinados grupos de la población: niños, ancianos, personas institucionalizadas (residencias de ancianos, pisos asistidos, cárceles...), personas con trastornos mentales, mujeres amenazadas por situaciones previas de violencia de género, situaciones de violencia familiar, y de maltrato infantil, personas en pobreza extrema, inmigrantes recientes, indocumentados o no, personas sin vivienda o con vivienda sin las condiciones necesarias, personas que viven solas, personas sin techo... [59].

Los sistemas de contacto, relación y trabajo telemáticos han podido reducir el impacto del aislamiento, aunque la pandemia ha hecho patente cómo la *virtualidad líquida* y omnipresente que ha florecido no logra sustituir a nivel emocional a las «redes sociales carnales». Lo virtual se ha mostrado mucho más vulnerable y vacuo de lo que esperábamos.

Como luego ampliaremos, el miedo y la difusión masiva del miedo han jugado un papel fundamental en la extensión y gravedad de esta epidemia. Pero aquí se revela otra de sus características, la quinta: se trata de una **pandemia paradójica**. O, con la evolución de la pandemia, tendríamos que decir, una pandemia «inicialmente paradójica». Como afirman hoy por hoy los expertos, buena parte de los contagiados por el virus no padecerán la enfermedad y, si la padecen, sus síntomas serán leves en la mayor parte de los casos, al menos en los países «desarrollados» [59, 90, 97, 118, 157, 158]. Sin embargo, tanto en los primeros momentos como en plena fase de difusión masiva, en la cual las informaciones se fueron dando de forma también masiva, lo que ha puesto en peligro los sistemas sanitarios ha sido la confusión entre el miedo al contagio, por lo que puede tener de riesgo para las personas vulnerables, y el miedo a la enfermedad generalizado. Por eso inicialmente se pensó que era una pandemia paradójica, pues parecía más motivada por las emociones que por la gravedad biológica (hasta que se valoró más a fondo y menos maníacamente la tercera característica: los riesgos del aislacionismo sanitario y de los «recortes sanitarios», con la consiguiente «vulnerabilidad sanitaria»). De hecho, el miedo a la crisis económica, fomentado masivamente a nivel de las comunicaciones sociales, ha llevado a explosiones de miedo e ira más o menos manipuladas, pero muy notables, cuando aún la epidemia no estaba, ni mucho menos, doblegada.

Tanto en un momento como en otro, posiblemente se infravaloró su gravedad porque otra vez se partía de concepciones biologistas de la salud [147], es decir, tan solo de la capacidad infecciosa del coronavirus, sin tener en cuenta los componentes psicológicos y comunicacionales (cómo se iba a difundir el miedo y otras emociones), ni los componentes sociales (el probable colapso del sistema sanitario y la grave crisis económica por venir). Con el avance de la pandemia, en especial en la Europa envejecida, ese panorama ha cambiado bastante. Aunque, desde luego, la magnitud del miedo y de las medidas de emergencia, al menos por su extensión y globalización, han vuelto a ponernos en contacto con las olas de irracionalidad aterrorizada de otras pandemias [123].

Ahí, de entrada, a pesar de nuestro pretendido desarrollo cognitivo y emocional, se ha vuelto a dar con toda radicalidad uno de esos «estrechamientos cognitivos» que propicia el miedo [135]. Por ejemplo, gran parte de las personas que se quejaron de «falta de elementos y protocolos de protección», a causa de los efectos cognitivos del miedo no tuvieron en cuenta al menos dos hechos: primero, que probablemente esos medios, que realmente han escaseado (y más aún con el *austericidio* y los recortes a los que se ha sometido a la sanidad pública en gran parte de los países regidos por economías neoliberales), no son o no deberían usarse, al menos en las primeras fases, para la población general, ni para los que «pueden comprárselos», sino precisamente para los sanitarios, los servicios públicos indispensables y las personas vulnerables. En segundo lugar, que no hay que confundir contagio con «enfermedad», y menos aún con «enfermedad grave» (que sí puede darse en los grupos vulnerables). El miedo estrecha la mente. Los medios que, salvo excepciones, han insistido una y otra vez en los errores, en lo que no había, en lo que faltaba, han contribuido a extender esa sensación de miedo generalizado que no se corresponde con la respuesta real de la población.

¿Cómo ha podido suceder esto? ¿Cómo una epidemia relativamente poco mortal ha producido oleadas de miedo y acaparamiento, importantes cambios en el sistema sanitario y en nuestro modo de producción, distribución y consumo, en nuestro modelo social? Y todo ello en un momento en el que, a pesar de la resistencia ofrecida por movimientos que demandan una «democracia real» y por facciones de la socialdemocracia que aún existen en algunos lugares del globo, la población parecía haber introyectado profundamente el modelo y la ideología *neoliberales*. Parece que esta epidemia está golpeando gravemente a los países de quienes han defendido esas concepciones (aunque con diferencias notables, desde luego). La organización socioeconómica mundial neoliberal parece hallarse en crisis, como confirman incluso dirigentes y defensores del capitalismo.

Estamos ante uno de esos momentos históricos en los que, tal vez como nunca antes, podemos sentir y observar las repercusiones psicológicas y sociales que provoca una epidemia a nivel mundial, repercusiones que parecen incluso mayores que otras epidemias y pandemias anteriores. Creemos que esa es la sexta característica particularizada de esta epidemia, que resumiríamos así: *Hoy, más que nunca, hemos podido experimentar que lo más contagioso para la humanidad no son los virus, sino las emociones.* Por eso hablamos de una **pandemia de las emociones y de la emocionalidad compartida,** su sexta característica diferencial en esta breve relación que hoy estamos haciendo. La difusión emocional masiva, de todas las emociones primigenias (de las siete básicas y no solo del miedo) ha jugado y jugará un enorme papel en sus repercusiones psicosociales y socioeconómicas [94, 99, 102, 135, 144]. Aunque desde las primeras semanas de pandemia ya ha vuelto a ponerse en marcha, como en la crisis del 2008, un *shock del miedo* organizado y masivo con continuas noticias catastrofistas sobre la crisis económica por llegar y sobre el futuro de todos nosotros. Como en el cataclismo del 2008, o en la crisis climática crónica, su objetivo es lograr una salida de la crisis *sin cambios sociales*, con la colaboración de una población aterrorizada y añorante de la *vieja normalidad* [2, 59, 60, 135, 160].

En efecto, lo que más contribuye a agravar las repercusiones globales de esta epidemia, lo que la ha convertido en una crisis social, es la combinación de *epidemia, miedo* y *aislamiento obligado.* La repercusión emocional ha sido tal que parece que incluso ha contagiado de miedo a esos entes incorpóreos pero dominantes que son los *mercados* (al fin y al cabo, organizaciones y seres humanos dedicados a las finanzas y la especulación). Y cuando hoy se habla de emociones, como en epidemias anteriores, nos solemos centrarnos en el *miedo,* una de las emociones básicas, genéticamente programadas, de la especie humana. Empero, sabemos algo más de este tema, tanto por los avances psicológicos y antropológicos como por los descubrimientos neurocientíficos.

Desde hace pocos años poseemos nuevas perspectivas, conocimientos y datos para entender estas crisis y afrontarlas de manera diferente y para entender la potencia del miedo y las demás *emociones primigenias* [135, 94] como no podía hacerse con anterioridad. La difusión a nivel general, cultural, de estos datos científicos podría abrir la séptima característica diferencial: hoy sabemos que los seres humanos venimos neurológicamente preparados para la comunicación emocional, y que esa es (aún) la base de nuestro desarrollo psicológico individual y colectivo. Nuestros cerebros y nuestra psicología funcionan facilitando esa transmisión masiva [94, 99, 135, 144, 147]. La existencia de redes sociales informatizadas, de internet, no ha hecho sino multiplicar exponencialmente esas capacidades de comunicación emocional de la especie.

En consecuencia, esta pandemia nos podría proporcionar un impulso para un cambio no solo científico, sino cultural, comenzando, por ejemplo, por reconsiderar la importancia de los componentes psicológicos y psicosociales en los sistemas sanitarios y los sistemas sociales, en particular en los países «desarrollados», más o menos democráticos. Hay que repensar su peso en nuestras concepciones de la salud y los sistemas sociales, y valorar su importancia en la comunicación social (que ya distintos poderes utilizan masivamente en la «psicopolítica» [135]). En ese sentido, esta pandemia es (o podríamos convertirla en) una **pandemia integradora de conocimientos psicológicos y psicosociales actualizados en la cultura** (y en todas las culturas): nos obliga a una concepción menos dicotómica del ser humano y de su psicología, la concepción que ha dominado la ciencia, las artes, la cultura y el pensamiento popular desde los albores del racionalismo y las revoluciones industriales: Por un lado va la *razón,* el *conocimiento* (lo cognitivo) y, por otro, las *emociones* (que, además, se entienden, disociativamente, como las *bajas emociones,* las *emociones de la plebe*, de las *mujeres* y los *niños,* de los *pueblos primitivos...*).

Partiendo de ahí, pero también por otras muchas razones en las que abundaremos, su octava característica consiste en que podríamos convertirla en una **pandemia integradora y globalizadora** a nivel social, según la afrontemos hoy y mañana, cuando salgamos de ella. Más adelante volveremos sobre estas dos últimas características, aunque desde ya querría insistir en que la crisis del coronavirus, aparte de habernos hecho tomar conciencia de la realidad de China como primera potencia mundial, nos obliga a repensar el planeta y la humanidad como globales, como un todo unitario. Somos tan solo una especie más de este plantea, y una especie sujeta a tantas incertidumbres sobre su futuro como otras muchas, en un siempre volátil equilibrio entre su permanencia y su desaparición, incluso más probable en el caso de nuestra especie.

Tabla 1. Características diferenciales en una primera aproximación de la pandemia de la COVID-19 con respecto a otras pandemias y epidemias

1. Es una epidemia desde el mundo desarrollado y urbanizado.

2. Reveladora de otros muchos virus, distorsiones, disfunciones e injusticias negadas, sumergidas y marginadas de nuestro mundo.

3. Es una pandemia que revela nuestra vulnerabilidad sanitaria y la crisis del aislacionismo sanitario en un mundo globalizado.

4. Lleva a una pandemia social, no solo biológica.

5. Inicialmente se pensó que era una pandemia paradójica, pues su severidad parecía más motivada por las emociones que por la gravedad biológica (hasta que se valoró más a fondo y menos maníacamente la tercera característica).

6. Es una pandemia de la emocionalidad compartida.

7. Es una pandemia potencialmente integradora de los conocimientos científicos psicológicos y psicosociales que deberían actualizarse en la cultura.

8. Es una pandemia potencialmente integradora y globalizadora a nivel social.

3. Las *histerias de masas* como experiencia

Cualquier observador de la situación psicológica y psicosocial de la pandemia C-19 ha podido percibir y describir sucesivas oleadas emocionales, realmente epidémicas, a lo largo de esta pandemia. Primero, la generalización del miedo, más o menos abierto o subrepticio. Luego, con las muertes masivas y en terribles circunstancias (que, sin embargo, se han ocultado a la población y, en buena medida, esta ha preferido no conocer vivencialmente), la oleada emocional de tristeza, pena, ansiedades de separación y duelos complicados se hizo patente y evidente. Al tiempo, sin embargo, hemos podido observar y vivir la solidaridad y las emociones de los cuidados también en oleadas, a raudales: en los sanitarios, en los trabajadores de otros muchos trabajos esenciales, en los barrios, los núcleos vivenciales naturales, las vecindades, las escaleras y los balcones. En esa oleada de solidaridad, de apego generalizado, hemos visto la importancia del sentido del humor y la emoción de la alegría, por ejemplo en los múltiples procesos creativos e incluso juegos creativos puestos en marcha a nivel social o a nivel telemático. En los primeros momentos nos inundaron con datos, investigaciones, nuevos conocimientos y, posteriormente, oleadas de desinterés, disociación y negación, admitiendo solo argumentos y explicaciones estereotipadas, las más fáciles de admitir por cada líder y cada grupo, en claros intentos de negación y de disminuir la disonancia cognitiva que realidades tan duras han marcado en todos nosotros... Y luego, tras meses de confinamiento, grandes y descarnadas oleadas de ira de unos políticos contra otros, de unos grupos sociales contra otros, de los ciudadanos contra los políticos...

La intensidad y amplitud de estas emociones masivas, de grandes grupos y no solo de personas, es lo que nos permitió compararlas en la primera edición de este libro con las *difusiones emocionales masivas* (DEM) normalmente denominadas *histerias de masas* [146].

Como clínicos y como gestores sanitarios, los episodios de *mass hysteria* en los que hemos participado a lo largo de varios decenios han influido de forma decisiva en nuestra comprensión biopsicológica de estos fenómenos de *difusión emocional masiva* (DEM) y en nuestra comprensión de cómo los enfocan los médicos y epidemiólogos (de una forma bien diferente a los psicólogos sociales, los sociólogos o los antropólogos).

Durante los siglos XX y XXI, el aumento de los conocimientos médicos, los riesgos sanitarios ambientales, la difusión masiva de emociones a nivel social (la «emocionalidad líquida» [13]), la medicalización de la cultura y la población [143] y otros muchos factores han aumentado de manera considerable la preocupación de la comunidad por la enfermedad. Paradójicamente, mientras la población parece más sana, su percepción de la salud y la enfermedad han empeorado [49, 56, 82, 134, 138]. En ocasiones, esa sensación de enfermedad se atribuye a riesgos ambientales de forma proyectiva y persistente, sensación para la que se necesitan explicaciones psicodinámicas y de dinámica de grupos (grandes o pequeños) [138, 141, 142, 148, 154].

Como ya dijimos en la primera edición de este libro y en otras publicaciones [141, 150, 96, 146] los *brotes de histeria colectiva* han sido descritos repetidamente en la literatura científica internacional. Este grupo de manifestaciones culturales, como relacionales que son, pueden organizarse según diferentes estructuras u organizaciones relacionales y psicopatológicas, dos de las cuales son las siguientes: las *somatomorfas* (en las que la población incluso manifiesta alteraciones en la expresión corporal) y las *hipocondriformes* (en las que manifiesta la certeza angustiada de padecer una enfermedad sin que haya factores biológicos para ello) [1, 13, 29, 119, 149, 151].

Sin embargo, hoy nuestra opinión sobre los estudios acerca de este tipo de situaciones es que, al menos en los aspectos psicológico-psiquiátricos de estos, trabajan habitualmente a un nivel muy rudimentario y con excesivas disociaciones, dejando «demasiado de lado» los componentes relacionales y emocionales del tema. Ante lo rudimentario de los conceptos y las técnicas utilizadas por la medicina tecnológica para esos problemas y a petición tanto personal como de las profesionales del Servicio de Epidemiología del Ayuntamiento de Barcelona, nos hemos visto empujados a participar en la observación, contención y explicación de algunos de estos fenómenos grupales y epidemiológicos a lo largo de varios decenios [46, 146-152].

En los trabajos citados aparecen breves resúmenes de los costes sociales y comunitarios de todo tipo, incluso económicos, que conllevan dichos episodios. En definitiva, a causa de la desatención biologista de las realidades emocionales, en numerosos países con episodios de DEM se han llegado a cerrar estaciones de trenes y autobuses, colegios, centros cívicos, bibliotecas, festivales de música, actos políticos, embajadas… y hasta centros sanitarios y hospitales. Y a todo ello se le suma además los costes estrictamente sanitarios de cada brote —bien abultados en la mayoría de los casos en los que hemos tenido ocasión de intervenir—. Según nuestra experiencia, en una ciudad como Barcelona, a pesar de la universalización de la atención sanitaria primaria, esto es, de la atención primaria a la salud, anualmente se producen entre uno y dos brotes de DEM. En general van asociados a otros brotes de enfermedades infecciosas (meningitis, giardiasis y hepatitis A, entre otras) o a otro tipo de supuestas «enfermedades» de base biológica desconocida, incierta o dudosa (fatiga crónica, fibromialgia, lipodistrofia, TDAH, etc.). De todas formas, la magnitud de los costes sociales, económicos y comunitarios de la epidemia de la COVID-19 desborda con mucho las previsiones y conocimientos previos de los diversos equipos con los que fuimos afrontando la actuación ante esas DEM.

En la investigación epidemiológica de brotes epidémicos agudos, la calidad y el rigor de las mediciones y estudios suelen quedar alterados por la necesidad de intervenciones concurrentes, necesarias en la «epidemiología de campo». También, y sobre todo, porque en los países que dominan las publicaciones médicas internacionales (Estados Unidos y Reino Unido), por la naturaleza de su propio sistema social «neoliberal», las medidas a poner en marcha ante esos fenómenos son escasas, tardías y, a menudo, yatrogénicas (es decir, productoras de daño biológico, psicológico o social). Eso ha sido así al menos hasta la irrupción de China, (y, a menor nivel, de Pakistán y la India) en la literatura científica internacional. Sin embargo, durante la pandemia de la COVID-19 se ha podido actuar desde otros sistemas sanitarios y sociales, tanto en China como en amplias zonas de la UE (las aún dominadas por una perspectiva socialdemócrata de los sistemas comunitarios y sociales).

Nuestro primer desacuerdo con esa visión biomédica de las *histerias de masas* se refiere pues a la terminología; el segundo, en cuanto al concepto mismo [19]; el tercer desacuerdo pues se refiere a la pragmática, las medidas que se ponen en marcha basándose en esos presupuestos envejecidos. A pesar de que la bibliografía epidemiológica al uso, al tratar esos tipos de fenómenos, habla de «brotes de histeria», «histeria epidémica», «histeria de masas» o «síndrome sociogénico de masas», pensamos que el sustantivo o el calificativo de «histeria» también puede ser inadecuado aquí, tanto desde el punto de vista teórico como desde el punto de vista pragmático [144, 146]. La terminología de «psicosis social» o «psicosis de masas» todavía posee apoyaturas más débiles e inconsistentes [137].

En la actualidad opinamos que una situación relacional de macrogrupo social o de «masas» puede considerarse un brote de «histeria de masas» o, en nuestra terminología, de *difusión emocional masiva somatomorfa* (DEM-S), cuando cumple los criterios básicos enumerados y ampliados por nosotros a partir de Small [119, 120]. En todo caso, se trata de una perspectiva médica, medicalizadora y, posiblemente, biologista, pero de fenómenos en realidad psicológicos y psicosociales [141, 144, 146]. Se refiere a fenómenos que también pueden observarse en ciertos microgrupos como la familia, los amigos, en ciertas formas de «pandillas» o «bandas» y, hoy en día, en lo que preferimos llamar «redes sociales informatizadas». Recientemente hemos publicado y prologado las experiencias de Volkan y el IDI *(International Dialogue Initiative)* en situaciones de conflicto social masivo causado por guerras o movimientos nacionalistas armados [154,155].

Desde luego, y siguiendo los criterios expuestos, estos procesos son siempre *contagiosos, desorganizados e incontrolados.* Si la mirada biologista de la psicopatología y la medicina no nos cegara demasiado, sería más fácil verlos provocados por «el agente» que produce mayores tasas de contagio y «ataque» en la especie humana: las emociones y sentimientos y, en particular, las emociones primigenias [50, 94, 99, 135, 141, 142].

Una observación reiterada, ya señalada en la edición anterior de este libro [146], es que en cada caso que conocimos o en el que tuvimos que participar [96, 109, 148-151, 191] nos hemos encontrado con profesionales y técnicos (y/o «autoridades administrativas», políticos y medios de comunicación) que no estaban por la detención de la propagación del miedo y las fantasías y sentimientos persecutorios secundarios a la existencia de un supuesto mal o enfermedad «biológicamente no clara». Al contrario, muchos de ellos podían haber apoyado tales «diagnósticos» sin atreverse a determinar un diagnóstico

33

negativo, o fueron incapaces de comunicárselo a la población y a los afectados, a pesar de poseer datos y medios para hacerlo. En contra de lo que podían ver por sí mismos y sin, en caso de dudas, consultar con un especialista o solicitar los informes hospitalarios (negativos), casi siempre hay profesionales, políticos y «expertos» que colaboran de manera inadvertida, de forma tal vez inconsciente, en la difusión de las supuestas «epidemias».

La necesidad de dramatizar, ya sea por características personales o de grupo y/o por los rendimientos de la dramatización, desempeña aquí un papel fundamental. Es algo que pasó con los medios de comunicación en los comienzos de la COVID-19: durante días, gran parte de ellos, más o menos secundados «conspiranoicamente» por la actividad en las redes, se dedicaron a enviar mensajes sensacionalistas, de alta emocionalidad. Cuando el episodio psicosocial ya estaba lanzado (la «epidemia emocional») y, sobre todo, cuando la emergencia social y económica era ya indudable (la «epidemia social»), no tuvieron más remedio que (provisionalmente) recoger velas e intentar reducir lo que, en buena medida, esos mismos medios habían provocado. La mayoría de los medios de comunicación generalistas y otros interesados lo habían «cultivado» por obvios intereses económicos.

La siguiente DEM, también ampliamente apoyada por numerosas organizaciones, por bulos y trolas generados continuamente en organizaciones y granjas de bots, e incluso por los medios de difusión supuestamente colectivos, ha sido ya de otra emoción diferente: la ira.

Cuando comenzaron a prolongarse las medidas de distancia física y confinamiento por la COVID-19, los medios de comunicación y las redes sociales informatizadas se inundaron de manifestaciones emocionales difundidas directamente por profesionales, periodistas y tertulianos varios: primero fue la lamentación por el enclaustramiento de los niños (que, a pesar de suponer un problema real para muchas familias, pronto se vio que, sobre todo, era una forma de manifestar la intolerancia de algunos adultos ante su propio confinamiento —y más aún si era con niños—). Más tarde, se estimuló la lamentación por la falta de bares y terrazas donde hacer *vida social*. Después, por las diversas *faltas de libertad* (sobre todo, libertad de empresa) que padecían algunos empresarios pequeños y medianos (ya que numerosos líderes de la derecha y grandes financieros simplemente no hicieron ni caso de las medidas legales desde el principio de la pandemia)... ¿Hay alguna duda de que ese estímulo continuo del miedo y la ira, de los celos y la postergación paranoide tendría que jugar un papel en las algaradas iracundas de algunos miembros de las clases pudientes de nuestra sociedad que, además de resultar claramente ilegales y antisanitarias, propician otras algaradas mayores y mucho más peligrosas? Una vez que se alcanza determinado punto de *emocionalidad*, es cuestión de tiempo y contexto para que se dé una DEM, que será aprovechada por los *pescadores de oficio* de turno y sus *granjas de bots*.

El miedo vende. Por eso vende el sensacionalismo: ¿Es tan obvio que tenga que seguir siendo así? Es probable que la pandemia de la COVID-19 nos dé sobrada idea de sus disparatados costes.

Por eso sostenemos que, desde nuestra perspectiva actual, los fenómenos que la medicina «tecnológica» sigue llamando «histeria de masas» o «enfermedad sociogénica de masas» (?) deberían entenderse como *episodios de difusión emocional masiva* (DEM): la medicina y la asistencia sanitaria tendrían que aceptar los avances en esos campos de otras ciencias diferentes de las «biomédicas» e incluso de las «neurociencias».

De aquellas experiencias surgió el diagrama que utilizamos en la tabla 2 para hacer una aproximación a dos de las oleadas de DEM de la pandemia de la COVID-19.

Tabla 2. El desarrollo de DEM *(difusiones emocionales masivas)* en el caso de la COVID-19

Dos ejemplos: Una primera oleada, por la pandemia y las medidas de alarma. Otra oleada, por el miedo y la ira ante la probable *hecatombe económica.*

1.	En una población sometida al *«shock* del miedo» inyectado a través de la reciente crisis económica del 2008 en adelante,
2.	aparece una enfermedad contagiosa, «rara», «llamativa» y con ciertos tintes de espectacularidad o dramatismo. (También aplicable a la muchas veces repetida *hecatombe económica).*
3.	Ambas oleadas afectan a poblaciones visibles e influyentes (el mundo «desarrollado», las clases sociales dominantes), extendiendo en ellas el miedo y el pánico.
4.	Esos sentimientos y cogniciones son refrendados por la «autoridad competente» (médicos, científicos, políticos, administradores, economistas...),
5.	que, sin embargo, no puede poner límites a la extensión de la afección ni a la DEM que ella provoca, relanzada por los *medios de comunicación* e internet.

Comienza la «epidemia» (la DEM)

6.	La «epidemia biopsicológica» transmitida por la percepción de las emociones de los afectados y la identificación proyectiva e introyectiva masivas propias del clima grupal, se extiende a diversos ámbitos geográficos y vivenciales de cada país.
7.	Las autoridades políticas o administrativas, los líderes naturales de la comunidad y los *medios de comunicación* no contienen el proceso porque no saben cómo hacerlo o porque les interesa mantenerlo (las oleadas de miedo e ira, por ejemplo).
8.	Mientras, difusiones sensacionalistas, catastrofistas y conspiranoicas, así como un enjambre de informaciones no contrastadas van invadiendo el ambiente.
9.	El sistema sanitario y la organización social parece que pueden entrar en crisis.
10.	Ante el temor de esa crisis social se ponen en marcha medidas radicales y dramáticas (confinamiento, violencia callejera, represión generalizada, limitaciones de la democracia...) que, de entrada, aumentan la DEM.

Estabilización y «autolimitación»

11. Comienza un periodo prolongado de disminución de la DEM, máxime si el aparato sanitario y el social se muestran capaces de combatir la epidemia y mejorar sus estrategias de comunicación.
12. Incluso sin esas medidas, el proceso tendería a limitarse, aunque no se sabe con qué costes sanitarios, sociales, económicos y emocionales.
13. La comunidad organizada y sus líderes naturales pueden desempeñar un papel crucial en esa limitación.
14. Los medios de comunicación pueden desempeñar un papel ampliamente relevante en esa «autolimitación» y en la recuperación subsiguientes, además de proporcionar información, apoyar las iniciativas solidarias y evitar el sensacionalismo y el catastrofismo. Aunque los *medios de comunicación* también han contribuido a su mantenimiento e incluso a su extensión a otros ambientes.
15. La crisis provocada por la epidemia de la COVID-19 puede llevar a importantes cambios sociales a corto y medio plazo, en parte por lo aprendido y experimentado durante ella,
16. pero también puede que predomine la tendencia psicológica y social de extender un «tupido velo» (negación y disociación) ante lo pasado, como en muchas DEM: por vergüenza, culpa o miedo (en los afectados, en las autoridades que «sancionaron» o «facilitaron» el brote y en las organizaciones sociales que detentan el poder real en nuestras «democracias formales»). Esa disociación a menudo va combinada con ocultamientos, mentiras y manipulaciones conscientes de la información, lo que no hace sino cronificar y paranoidizar el cuadro,
17. que es el mayor riesgo de la no elaboración social y personal de este tipo de situaciones: el *duelo paranoide*. Los procesos de duelo personales y grupales por los errores, las inadvertencias o dramatizaciones se complican en una paranoidización del duelo, en una fragmentación social en la cual unos y otros se sienten culpables, se acusan, acusan al otro grupo u organización, extienden la desconfianza, bloquean los acuerdos comunitarios y la creatividad comunitaria…

La conclusión general a la que habíamos llegado tras los episodios de DEM en los que nos vimos llamados a participar es que, si tenemos en cuenta tanto los datos sociales y antropológicos como los médicos, psicopatológicos y epidemiológicos, las DEM seguirán existiendo en el siglo XXI. Incluso pueden aumentar de frecuencia, relevancia y capacidad desorganizadora a nivel psicosocial, tanto en los países tecnológicamente desarrollados como en los que no lo son. Y ello a pesar y gracias a las transformaciones sociales que se han producido; entre ellas, de forma destacada, la importancia de los medios de difusión, las redes sociales informatizadas y, en general, lo que en otros lugares hemos llamado la *psicopolítica* [61, 135, 140]: el dominio de la política y los intercambios sociales mediante técnicas psicosociales de inspiración científica que mueven «desde dentro», desde su psicología y psicosociología, a los individuos y grupos de una comunidad cualquiera.

En definitiva, para entender y atender este tipo de fenómenos hay que tener en cuenta las emociones y la emocionalidad desde un punto de vista científico [18, 65, 82, 116]. Eso significa un punto de vista psicológico y psico(pato)lógico actualizado; un punto de vista que no estreche el ángulo de visión hasta dejarlo reducido a perspectivas taxonomistas, biologistas y biocomerciales que de poco valen para la comprensión y cuidado de los fenómenos de DEM más perturbadores y, por lo tanto, para la comprensión y cuidado de crisis sociales en general.

4. El poder del miedo y sus burbujas

Ya hemos dicho que en esta pandemia (y en otras anteriores) el miedo y su difusión masiva han desempeñado un papel importante en su gravedad. Cuando la calificábamos de «pandemia (inicialmente) paradójica», nos referíamos a ese poder del miedo, pues a pesar de que la afección, la enfermedad, no es tan grave o aniquilante como en otras epidemias, el miedo y la sobrecarga del aparato sanitario han contribuido de forma radical a su gravedad y sus repercusiones sociales.

El miedo es una emoción primigenia del *sapiens sapiens,* del ser humano actual y del de otras épocas históricas. Eso significa que está programado genéticamente en todos nosotros, en muchos de nuestros órganos y funciones, pero sobre todo en nuestro cerebro. Su finalidad evolutiva es la preparación del sujeto ante las amenazas a la integridad organísmica.

El miedo, como el resto de emociones, es un «sistema emocional» o, mejor dicho, un «sistema PNEI» (sistema psico-neuro-endocrino-inmunitario) para relacionarnos automáticamente con el mundo desde nuestro nacimiento [94, 95, 99]. El sistema emocional del MIEDO genera un estado mental molesto o inquietante del que todos los mamíferos desean huir. Engendra tensión no solo mental, sino muscular, y niveles medios de «vigilancia» neurofisiológica que son una excelente preparación para la ignición energética en caso de necesidad de huir. Cada «sistema emocional

(PNEI)» tiene una finalidad etológica diferenciada, actúa automáticamente sobre el cuerpo con una serie de cambios diferenciados, y es vivido o experimentado con vivencias diferenciadas pero comunes a todas las culturas e incluso en individuos con graves déficits sensoriales o cerebrales. Y todo ello porque hoy se sabe que cada sistema emocional se asienta en unos núcleos cerebrales preferentes, tiene unos neurotransmisores facilitadores e inhibidores diferentes, y puede bloquearse parcialmente mediante sustancias, fármacos y tóxicos también diferenciados.

En ese sentido, el miedo, que prepara al organismo ante la amenaza a su totalidad biopsicosocial, se asienta particularmente en unos núcleos cerebrales particulares (núcleo central y lateral de la amígdala, PAG (sustancia gris periacueductal) del hipotálamo, tálamo, núcleo accumbens, hipocampo y amplias zonas del córtex prefrontal); tiene unos neurotransmisores preferenciales (dopamina, glutamato y GABA) y es inhibido por ejemplo por las benzodiacepinas (endógenas y exógenas), por los betabloqueantes y por los antidepresivos llamados ISRS (Inhibidores Selectivos de la Recaptación de la Serotonina). A su vivencia, inconfundible para cada ser humano, en psicología también se la ha llamado «ansiedad persecutoria» o, mucho más vagamente, «estrés».

Además, los avances neurocientíficos, en particular en la *neurociencia de las emociones* [95, 94] han llevado a diferenciar el sistema emocional del miedo de otro sistema que guarda estrechas relaciones con este y que, a menudo, se había confundido con él. Nos referimos al sistema emocional que Panksepp ha renombrado como *panic-grief* y que, en diversos trabajos, nosotros hemos preferido nombrar «sistema de la pena y el duelo» o de la «ansiedad ante la separación» [138,153]. Cuando este sistema emocional se enciende, el ser humano experimenta una profunda y dolorosa experiencia psicológica de dolor, de sufrimiento y malestar que, sin embargo, no tiene una fuente corporal, somática. Los sujetos inmaduros o jóvenes, al ser dominados por este sistema emocional, muestran una serie de reacciones clásicamente descritas por Bowlby [22]: inquietud-tristeza, protesta, desesperanza y desapego. A nivel conductual, gritan, lloran y muestran intentos de reunión con sus cuidadores. Si esa reunión no se consigue comienza a desarrollarse la pena y la desesperanza y, más tarde, el desapego, con bioquímica y posturas corporales que reflejan el derrumbe neuroquímico que va desde el pánico a la depresión. Por eso a veces hemos preferido traducir este sistema emocional como el *sistema de la* SEPARACIÓN-PENA. Por un lado, para vincularlo con la larga tradición psicoanalítica y de la psicología experimental sobre las ansiedades de separación (emociones ante la separación, tendríamos que decir) y el apego alterado. Por otro lado, porque en castellano el sustantivo *pena* es mucho más popular y directo que el más culto de *tristeza* y, además, aquel incluye componentes de molestia visceral (confusión mental, molestias intestinales, palpitaciones, disnea, etc.) que son referencias populares a los componentes viscerales de toda emoción.

Como en el caso del sistema emocional del miedo (y de cada «sistema emocional» o, más llanamente, «emoción primigenia») este sistema de las *ansiedades de separación y los procesos de duelo* es básico en la dotación de un ser nidícola, dependiente y prosocial como es el *sapiens sapiens*. Su finalidad evolutiva es clara: evitar la separación del objeto de apego, mantener los vínculos de apego y lograr o mantener el apoyo social. Sus núcleos cerebrales fundamentales son el núcleo cingulado anterior, el tálamo y el hipotálamo. Sus neurotransmisores preferenciales son las endorfinas, la serotonina, la oxitocina y la prolactina; sus inhibidores, combinaciones diferentes de oxitocina y prolactina, morfina y heroína, buprenorfina, los antidepresivos (en particular, los ISRS) y la psicoterapia... A través del aprendizaje temprano, este sistema emocional se halla en estrecha relación con el miedo y con «sentimientos básicos» del ser humano en sociedad en los que el psicoanálisis, la sociología y la psicología social han venido insistiendo en todas sus aproximaciones:

vergüenza, culpa, autoestima y tristeza... A nivel psicopatológico, con las organizaciones fóbico-evitativas y la depresión (la organización melancólico-maníaca de las relaciones).[3]

Panksepp y otros neurocientíficos llamaron inicialmente «sistema emocional del pánico» a este sistema [95], porque cuando los animales jóvenes son abandonados, suelen experimentar formas diversas de agitación, de ansiedad extrema o *pánico*. En la sabana, en la pradera, en la tundra o en la llanura perecerían. Por ello, hipotetizó que las crisis de pánico y las crisis de ansiedad tenían que ver con la hiperactivación primaria de este sistema emocional. Pero en adultos, ese estado de «ansiedad» suele ser tan solo el inicial, y pronto da paso, salvo excepciones, a sentimientos de pena, tristeza, soledad, más que al pánico de los niños pequeños. Cuando la pena se alivia podemos sentir incluso un sentimiento de confort y seguridad, probablemente basado en la bioquímica del sistema del cuidado, que se ha activado ante la pérdida, más aún si nos sentimos afectiva y efectivamente cuidados por allegados. De ahí la tendencia en el duelo de volver hacia los allegados. La experiencia emocional miles de veces repetida en cada uno de nosotros es que aquellos nos proporcionarán la sedación, la tranquilidad, el confort para tanta pena (y con ellas, la organización de la personalidad, basada en la autoestima y el sentimiento de identidad: somos dignos de ser queridos y no abandonados).

Se trata pues de un sistema emocional que tiende a facilitar y mantener los lazos sociales, ya que estos alivian el dolor de las pérdidas y separaciones y los reemplazan por un sentido de comodidad y pertenencia. Cuando los humanos y los animales disfrutan de vínculos afectivos seguros, despliegan una relajante sensación de contención y placer contenido. Las fluctuaciones

---

3. Con la depresión real, como organización psicopatológica; no con la entidad biocomercial designada como tal y sobrediagnosticada y sobretratada «al por mayor» en nuestras sociedades [114, 144].

en esos sentimientos son otras de las fuentes del *amor*. Sus disfunciones crónicas se hallan en el centro de la psicopatología: crisis de pánico, depresión, autismo, trastornos de la personalidad, relación incontinente...

Las neurociencias contemporáneas de las emociones [14, 17, 93-95, 99, 114] insisten en que el miedo y el pánico (miedo a la pérdida del objeto de apego) funcionan como preparación biopsicológica ante esos peligros y como señales psicofísicas que nos avisan y avisan al congénere de la posibilidad de que el vínculo se rompa, de la posibilidad de la separación —con respecto a la madre, con respecto a los mayores, con respecto a los compañeros...—, con los riesgos que esa situación trae aparejados para el ser humano. En efecto, se trata de peligros derivados tanto de la vulnerabilidad e inmadurez biológica y psicosocial con la que nace el *homo sapiens sapiens,* como por el fundamento social de su vivir, de su posibilidad de supervivencia y de su posibilidad de «humanización» [99]. Siempre que esa separación se da o pueda llegar a darse, desarrollamos intensas emociones de miedo, pánico, pena e ira y, con ellas, el síndrome general de adaptación al estrés (SGA) como reacción ante ese peligro, el de máxima magnitud psicológica.

Miedo y cultura

De todo lo anterior podemos deducir que es relativamente fácil en la especie humana:

1) Impedir la elaboración de los miedos primitivos (basta con que no haya un adulto contenedor al lado del bebé, que pueda ayudar a modular esas emociones).
2) Aumentar esos miedos.
3) Producir nuevos miedos, ya sea por medios conductuales o por medios más simbólicos y/o afectivos.

43

4) Y todo ello, tanto en la infancia, cuando muchos miedos son más fáciles de producir y poseen más duración, como en la edad adulta.

Su importancia como emoción primigenia y esas posibilidades de ampliarlo y difundirlo han hecho que el miedo se halle en la base de la cultura. Tanto el miedo a los depredadores, que llevó a la unión y organización de los antiguos clanes humanos, como el miedo a la expresión no controlada de las emociones, las pulsiones y los deseos, que en la perspectiva de Sigmund Freud [48] es una de las bases de la sociedad, de sus normas y de su organización. En ese sentido, en toda sociedad y en toda cultura existen normas represoras, castigadoras, infundidoras de miedo, así como instituciones para asustar, castigar, reprimir: las «fuerzas de orden público» son instituciones sociales creadas para asustar a los que intenten alterarlo, como lo son las cárceles y, para muchos, y en muchos momentos de la historia, los ejércitos… Ya Hobbes había explicitado que ninguna sociedad puede subsistir sin canalizar los impulsos y las emociones individuales, sin una regulación concreta del comportamiento individual en función de los intereses colectivos… Y el miedo es el principal cemento que usamos para asegurar esas regulaciones.

Además, el miedo ha sido la base, durante siglos, del sistema educativo occidental (que, como expuso de manera radical Skinner, en buena medida se define por el esquema básico del premio y el castigo). Los teóricos de «la letra con sangre entra» no dejan de argumentar abiertamente que el miedo es un pilar del proceso socializador. El miedo es la argamasa de muchas religiones y ritos religiosos, como durante años ha popularizado la Iglesia católica, con su miedo al Dios omnipotente y castigador, con su difusión del miedo a la Inquisición, con su difusión del miedo a la Iglesia misma… Y eso en una religión basada teóricamente en el amor, que es el fundamento de la religión cristiana. En términos generales, el miedo es un pilar de las religiones abrahámicas (cristianismo, islamismo, judaísmo…) y, frecuentemente, la argamasa que rellena las diversas leyendas en las religiones politeístas. A los dioses se les teme. Los hombres nos vinculamos originalmente con ellos sobre todo por el miedo.

Pero además, buena parte del sistema normativo, del derecho penal, se fundamenta en el miedo, en la amenaza como forma de mantener conductas prosociales e inhibir conductas «antisociales».

Uno de los estudios pioneros sobre los tipos de miedos fue el de Sigmund Freud (ya en 1929 [48]). Para él, en nuestra civilización,

> nos amenaza el sufrimiento desde tres direcciones distintas: desde nuestro propio cuerpo, que está condenado al deterioro y la descomposición, y que no puede siquiera subsistir sin la presencia del miedo y de la ansiedad como señales de advertencia; desde el mundo exterior, que puede lanzarse enfurecido contra nosotros toda clase de apabullantes e implacables fuerzas de destrucción; y, finalmente, desde nuestras relaciones con otros hombres. El sufrimiento que emana de esta última fuente es, quizá, más doloroso que ningún otro.

Un exponente primitivo del segundo tipo de miedos explicados por Sigmund Freud consiste en el miedo a las fuerzas de la naturaleza y a sus fenómenos desconocidos e ingobernables para los humanos durante millones de años. El miedo a la naturaleza, a la soledad en medio de la sabana, la pradera, la selva, el bosque o los hielos de la tundra, probablemente ha sido uno de los fundamentos afectivos y cognitivos de todas las religiones. El miedo a la enfermedad y a la muerte, que es la base de la medicalización [30, 143] y que se halla en la base de la DEM ante las epidemias (y más en el caso de la COVID-19), sería un miedo con «doble apoyo»: en las fuerzas de la naturaleza y en el temor a la enfermedad y la muerte. De ahí que sea tan transformador de sociedades y culturas.

Nos recordaba Umberto Eco en *El nombre de la rosa:*

> Cuando ríe, mientras el vino gorgotea en su garganta, el aldeano se siente amo, porque ha invertido las relaciones de dominación. [...] La risa distrae, por unos instantes, al aldeano del miedo. [...] ¿Y qué seríamos nosotros, criaturas pecadoras, sin el miedo, tal vez el más propicio y afectuoso de los dones divinos? [...] El pueblo de Dios se trasformaría en una asamblea de monstruos eructados desde los abismos de la *terra incognita...* [pp. 573-575]

La cultura, en general, y no solo la organización social, se halla íntimamente relacionada con el miedo: de ahí sus múltiples representaciones en el arte y en las diversas artes. Hay géneros narrativos directamente basados en el miedo, tales como los cuentos de miedo, las novelas de terror, los filmes y series de terror... Su cultivo aumentó decididamente en la humanidad a partir del siglo XIX gracias a los escritores románticos, como Edgar Allan Poe o Gustavo Adolfo Bécquer, pero había sido desarrollado ampliamente por los pueblos griegos y macedónicos en muchas de sus tragedias, cuyo fin confeso era infundir miedo (y culpa) al pueblo para evitar que se repitieran errores anteriores (las *nemesis*). Ya eran una forma socialmente organizada de utilizar el «miedo persecutorio» pero con finalidades prosociales, vinculatorias, *reparatorias* [138].

Las diversas formas artísticas han generado personajes específicos para representar el terror y el miedo: Drácula, Frankenstein, Hyde, Freddy, Lecter, y un largo etcétera en la novela y el cine, *Pesadilla en Elm Street, Alien* o *Depredador* en el cine fantástico, las representaciones del Apocalipsis, la muerte y el infierno en el arte religioso europeo o en su escultura (*Laocoonte y sus hijos,* El Bosco, Brueghel «El viejo» ...). En la misma línea, el miedo y el terror son un componente significativo de las series televisivas y de algunos *reality shows*... Pocas series de pintura se hallan tan apoyadas en los miedos o ansiedades persecutorias como las pinturas negras de un Goya sordo, desencantado por los horrores de la guerra, recluido y aislado por la victoria del irracionalismo sobre un pueblo manejado otra vez por las viejas clases dominantes venales y corruptas, como a menudo ha sucedido en nuestra historia.

Otra creación humana estrechamente vinculada con el miedo es la *moral y las morales*. Las concreciones morales de nuestra ética siguen hoy apoyándose fundamentalmente en el miedo. Lo que tememos es malo; lo que es malo nos produce temor. El miedo y el mal, aquello que consideramos «lo malo», están íntimamente unidos en nuestra mente y nuestra cultura. Parcialmente diferentes y parcialmente unidos, como dos hermanos siameses.

Sin embargo, algunos de los más grandes depredadores de la especie no han mostrado de entrada la cara del mal, del miedo supremo; ni siquiera la de infundidor interesado del miedo. Previamente podían ser «honrados padres de familia», «probos funcionarios», exseminaristas moralistas e iluminados, lisiados crónicos con apariencia bromista... Eso hace más incontrolable el miedo, porque no podemos prevenirnos tan fácilmente contra él. Entre el samurái con su máscara guerrera o las pinturas de guerra de tantas tribus y clanes, hechas directamente para infundir miedo, y el juguetón oficial del ejército del aire americano que, oprimiendo un botón en su caza o pilotando un *dron,* puede sepultar en vida a decenas o centenares de soldados enemigos refugiados en un búnker, o despedazar a familias de «terroristas» en sus casas, sus automóviles o sus barrios, la diferencia no yace tan solo en el poder destructor, sino en la difusión de un miedo secundario, de un metamiedo. Cada vez es más difícil discernir previamente el mal, el malvado, el depredador...

Lo que ha dado en llamarse la «banalidad del mal», es una forma de referirse a determinadas presentaciones modernas del miedo y del mal. A mi entender, es una terminología prepsicoanalítica que tiende a confundir hechos y apariencias, fenómenos y epifenómenos, intereses y disfraces. El mal y su acción nunca es banal, pero puede adquirir características de banalidad. El uso perverso del miedo nunca es banal, aunque lo aparezca. Es *venal,* es decir, susceptible de comunicarse y de contagiar a los que rodean al perverso. Como una epidemia.

Miedo y contrato social

Otro buen ejemplo de nuestro atraso en repensar la influencia de las emociones en el individuo y en la sociedad podemos observarlo en las «teorías» dominantes con respecto al *contrato social.* Como sabemos, el miedo está en la base de nuestras teorías del derecho y la sociedad. El miedo sigue siendo el concepto fundamental en la «teoría» dominante acerca del «contrato social», acerca de por qué los seres humanos nos unimos en sociedad: por ahí fueron las teorizaciones acerca del Estado de Hobbes, más tarde reafirmadas por pensadores tan diferentes en otros aspectos como Rousseau, Hegel, Kant e incluso Freud y Einstein («¿Por qué la guerra?» [47]). Pocos teóricos se han atrevido a contradecir la teoría dominante del contrato social, que afirma que este se basa, se construye, se estructura, se alimenta y refuerza mediante la emoción del miedo. Solo han mantenido una visión más «politemática» del «contrato social» algunos pensadores anarquistas y anarcosindicalistas desde Kropotkin (1902) y algunos socialistas «utópicos», socialistas autogestionarios y revolucionarios de varias épocas y sistemas, incluidos los revolucionarios españoles desde 1931 hasta 1937 o los revoltosos sesentayochescos, *hippies,* «indignados», de Democracia Real y otros movimientos sociales aparentemente derrotados por la historia.

Por supuesto, una motivación para juntarnos en sociedad, crear ciudades o Estados es el miedo y, en particular, el miedo a la ira humana desatada (ya son dos emociones: miedo e ira). El miedo al poder (más exactamente, el miedo a la ira del poder) es la ortopedia fundamental del *poder disciplinario, biopolítico* (que amenaza con el hambre, la muerte y el dolor, y necesita de unas poblaciones productoras y reproductoras sometidas mediante el miedo [46]). Pero esa teoría se basaba, sin saberlo, en un deficiente y ya obsoleto conocimiento de las emociones y los sentimientos humanos básicos. Porque, si tenemos en cuenta una perspectiva más actualizada de las emociones primigenias hay que pensar al menos en las siete «emociones primigenias», en otros sistemas emocionales de los que hablaremos más adelante, y en varios «sentimientos básicos» culturales (emociones primigenias procesadas por la experiencia personal y social).

En ese sentido, en el «contrato social», en las motivaciones para organizar las sociedades humanas también han influido, influyen e influirán esas otras emociones. Por ejemplo, *el placer y la alegría,* y su búsqueda. Y también, el *seeking* (la emoción del conocimiento y de la búsqueda de conocimientos), la *tristeza* y la *vergüenza.* Tanto en la creación como en la organización de nuestras instituciones sociales. Y una serie de «sentimientos básicos»: amor, confianza, esperanza, contención... Es decir, que esa serie de pensadores alternativos a los habituales, a los cuales se suele considerar como «derrotados de la historia», no iban tan errados como las clases dirigentes y sus medios de propaganda nos han hecho creer durante decenios. Aunque no hayamos parado mientes hasta ahora a su poderosa contribución a los cambios de nuestro mundo [89].

Ciertamente, todavía no hay un modelo unificado del mundo emocional. Por eso pueden proponerse otros modelos de las emociones básicas o primigenias. Aquí estamos siguiendo provisionalmente un esquema también provisional: el de Jaak Panksepp, sus colaboradores y los varios cientos de investigadores en la «neurociencia de las emociones» [94, 95, 99], un modelo que describiremos en el próximo capítulo.

¿Podemos seguir sosteniendo, pues, que lo único que nos hace unirnos en sociedad, unirnos a los otros, es el miedo? No parece que sea la realidad, tanto desde el punto de vista científico actual como desde el punto de vista cultural, al menos desde el Renacimiento y la Ilustración: para unirnos en sociedad y organizar la sociedad nos impulsan y nos apoyan otras emociones básicas y sus concreciones en la experiencia personal y colectiva, archivadas como «relaciones de objeto», «esquemas cognitivos básicos», «mecanismos interpretativos o interpersonales básicos» o como «modelos de trabajo internos». En la sociabilidad humana desempeñan un papel, no siempre «malévolo», la búsqueda de lo nuevo, la curiosidad, el *seeking,* la búsqueda de conocimiento o vínculo K (de conocimiento) [18, 84], los anhelos de placer y alegría, la ira-rabia, la huida del asco y de otras *emociones sensoriales*... Y todo ello pasado por la experiencia que deja en nosotros profundas huellas relacionales, biológicas y sociales... Pensemos que nacemos con entre 86 y 90 mil millones de neuronas («sustancia gris») y que, a los 25 años, la «sustancia blanca», encargada de las conexiones, predomina en nuestro cerebro sobre la sustancia gris: se han generado billones o incluso trillones de conexiones interneuronales en función de la maduración neuronal y la experiencia. Y además, con una modulación epigenética paralela, de forma que las emociones y las experiencias tempranas que vivimos van a hacer que se expresen o dejen de expresarse componentes genómicos muy amplios, en particular en nuestro cerebro, algo sumamente básico en la actual consideración de la *plasticidad cerebral* [4, 9, 44, 130].

En definitiva, mantengo que hemos de cambiar nuestras ideas acerca de las motivaciones sociales y las teorías acerca de estas por un esquema más acorde con los conocimientos científicos actuales, por un esquema algo más complejo pero, tal vez, algo más real, y con una perspectiva más totalizadora. Se trata de un modelo que implicaría grandes cambios en nuestro enfoque de los objetivos y las prioridades del desarrollo individual y social.

Pero la cultura del miedo también es en sí misma una *hybris,* un pecado, una desmesura que está teniendo sus *némesis.* Por ejemplo, en la tríada de nuevos miedos modernos, propios de nuestra «sociedad líquida», y que marcan gravemente nuestra coyuntura sociocultural actual, a saber, el temor de los padres a los hijos, de los maestros a los discípulos y de los políticos a los ciudadanos, miedos que se han hecho bien patentes conforme avanzaba la crisis social de la COVID-19.

Otro miedo «nuevo» (relativamente) realista consiste en el miedo a haber cedido su propio manejo no solo a Estados Leviatán, como diría Hobbes, sino a poderosas fuerzas *ademocráticas.* En buena medida, por presiones del miedo. Sin embargo, son las fuerzas que en la sombra rigen cada guerra, campaña electoral, campaña de *marketing sociopolítico* o de bolsa utilizando las emociones primigenias de la población, y particularmente el miedo, para entrar en sus mentes, en su psicología y en sus relaciones grupales.

El uso del miedo para la «reestructuración social»

Como recordábamos en *El poder del miedo* [135], numerosos estudios y encuestas sociológicas aseguran (¿aseguraban?) que el miedo al terrorismo es uno de los miedos más extendidos en el mundo «civilizado» actual. El dato se halla, por supuesto, rodeado de lagunas y contradicciones; por ejemplo, es un resultado frecuente de los estudios sociales y de la psicología social en Estados Unidos cuando, en realidad, los daños producidos por el terrorismo en ese país son enormemente menores que los producidos por la pandemia de la COVID-19 o por el uso de armas de fuego en la vida cotidiana. La pandemia, en una sociedad tan dividida y con unos servicios sanitarios tan divididos (en clases) como los estadounidenses, ha dejado en menos de tres meses más de 100 000 muertos, varios millones de enfermos y, junto con sucesos concurrentes, ha provocado una amplia revuelta social. No es sino la multiplicación exponencial de lo que sucede con las armas de fuego. Según algunos estudios, el número de muertos por armas de fuego en Estados Unidos es superior a 40 000 al año, 591 260 en lo que va de siglo. Además, en último extremo, el terrorismo mata con armas y ¿quién fabrica las armas? Lo saben muy bien los 20-25 mil mexicanos (35 964 en 2019) que mueren cada año en la guerra civil no declarada que asola el país (y sus familiares, que penan sin fin la continua muerte de madres, hermanas, padres, hermanos, políticos, periodistas, autoridades…). Las armas son de fabricación estadounidense, en su mayor parte vendidas en grandes armerías de los estados sureños fronterizos con los Estados Unidos mexicanos.

El miedo generalizado que atenaza (pero no agosta) a esas sociedades actualmente no lo provocan fuerzas naturales, ni catástrofes inaprensibles, como las guerras, sino que tiene sus «colaboradores necesarios», a menudo anunciados en las calles, como esas grandes armerías legales que deberían ser avergonzadas e ilegalizadas. Pero de ese terrorismo cotidiano, que alienta el miedo generalizado, ¿qué sabemos? ¿Qué sabemos de sus apoyos políticos, económicos, legales, bancarios? De ahí que las investigaciones sobre el miedo y otras emociones primigenias reciban tan poco apoyo para su difusión en la cultura popular y en los medios de comunicación.

Y ello a pesar de que la crisis del capitalismo que estamos viviendo desde 2008 en adelante marca una profunda diferencia en el uso del miedo. Nos ha llevado al extremo de que, por el miedo a perder lo poco que tenemos, lo poco que nos va a dejar tener la voracidad del gran capital, es difícil que alguien hable claro sobre la crisis, sus causas y sus causantes y mantenedores directos. Hasta los políticos supuestamente poderosos han aplicado recortes, provocando hambre y miseria con el supuesto básico de que «no queda otro remedio»… para ellos, claro. ¿Cuáles son sus miedos, nunca declarados, para que «no quede otro remedio»? ¿Cuál es el trasfondo miedoso de lo que he llamado «la TINA generalizada» *(There Is No Alternative)?*

No se trata tan solo del miedo a la revelación de los habituales «dosieres secretos», de los que hay a puñados para cada político, periodista u organización «dudosa». Va más allá: hay una auténtica introyección generalizada de la necesidad del miedo como base de la cultura y la sociedad. En algunas de sus declaraciones semiprivadas nuestros dirigentes incluso son capaces de manifestar su miedo al miedo, su auténtico «canguelo»: «porque, si no lo hacemos, los mercados se ensañarán con nuestro país»… ¿Quién y cómo se lo ha dicho? ¿Por qué obedecen a ese miedo y no al miedo a una ciudadanía masacrada, indignada, que ha acabado por enfurecerse? Como ya recordamos, gran parte de los políticos profesionales desconfían totalmente de la ciudadanía, le tienen miedo, como los padres a los hijos y muchos profesores a sus alumnos (el triple miedo de la posmodernidad).

El poder del miedo, la *doctrina del shock* que Naomi Klein [74] supo denunciar ante la hecatombe económica de 2008, ha llevado a esa debilidad patética de los políticos y los Estados ante los mercados, a los cuales, en justicia, tal vez no podamos llamar «mercados» o «mercaderes transnacionales»: sus transacciones multibillonarias no se sustentan ni tan siquiera en el trueque o la compraventa, sino en la pura especulación para obtener ventajas económicas. Así, especulan con los alimentos básicos (que, por ejemplo, solo en 2010 subieron el 25 %, lo que ha significado la muerte de millones de personas en todo el mundo), con el agua, las armas, el terrorismo, los muertos (más de dos millones de humanos han muerto en Oriente Medio, sin que ahora nadie sepa/quiera parar esa auténtica catástrofe propia de nuestros días).

Los miedos están ahí, como siempre, saturando la experiencia humana cotidiana, pero multiplicados y combinados por el hecho de que la sociedad civil que los pueblos privilegiados del planeta habíamos construido penosamente en cuatro o veintitantos siglos (la democracia), se muestra hoy profundamente agujereada en sus cimientos: la organización civil, los bastiones de la sociedad civil y su ética moderna y premoderna están agujereados por la liquidez corrosiva de la posmodernidad manejada desde atrás, por poderes ademocráticos, por *troikas* en la trastienda de sus Estados, de sus naciones, de sus parlamentos, de sus leyes… Para que ese mundo viejo —cada vez más parecido a una maqueta, a una arquitectura de cartón-piedra, menos real y más «burbuja»— no se venga abajo estrepitosamente, los miedos están ahí: explotar su caudal inagotable y siempre renovable desde el interior se halla hoy al alcance de cualquier político de cortos vuelos y ambiciones romas.

El miedo forma parte del cemento o argamasa de las sociedades humanas y sus organizaciones, desde luego. En realidad, forma parte de la arquitectura de nuestros cerebros y, de forma excesiva y hoy extemporánea, de la arquitectura de nuestra personalidad. Los seres humanos se han organizado en familias, clanes, tribus, ciudades, estados y en naciones unidos en parte por esa emoción primitiva, defensivamente. Pero también por otros sentimientos y emociones. Las emociones amenazantes son la base de la sociedad como lo son las emociones y sentimientos vinculatorios. La democracia, o las diversas formas de democracia hasta hoy conocidas, son, posiblemente, el sistema menos imperfecto de organización de los seres humanos. Pero la democracia se alimenta de la confianza de las personas en el futuro y en el propio grupo (en este caso, la especie humana) y de la esperanza de que es posible construir, entre todos, un futuro mejor. La esperanza y la confianza en que, como decía Paul Éluard, *otro mundo es posible*. Los avances socialdemócratas y comunistas del siglo XX jugaron un papel decisivo a la hora de llevar esas esperanzas a todos los rincones del globo, incluidos los centenares de millones de chinos y otros pueblos orientales. En buena medida, como el «Estado del bienestar» o las mismas revoluciones bolchevique, cubana o china, fueron una reacción contra las miserias y el genocidio provocados por las dos guerras mundiales. Aunque después, la perversión de esas esperanzas, explotada por los «difusores profesionales del miedo», arruinó durante decenios esas esperanzas populares. A otro nivel, tal vez, la pandemia de la COVID-19 podría jugar un *papel socialdemocratizante*, estimulando las pulsiones de apego, solidarias y creativas del cuerpo social, ayudando a reconstruir los servicios sociales y la red social siguiendo el principio ya enunciado en plena crisis: «Que nadie se quede atrás», bien contrario a la política y la ideología *neocon* y al clasismo tecnocrático de nuestras élites y nuestras castas dominantes.

El Estado basado en la «defensa contra el terror» y la «política del miedo», tan solo se inspira, al contrario que la democracia, en los sentimientos y en las pulsiones «desvinculatorias», proyectivas; a saber, en la desconfianza, la incertidumbre, la violencia, la incontinencia de la agresión y el control... El resultado es miedo, *metamiedos* (atemorizados pensamientos y sentimientos sobre el miedo) y miedos retroalimentados. Se trata de extraer del miedo todos sus venenos y todos sus efluvios.

El lenguaje bélico que algunos han tenido la tentación de poner en primer plano hoy en día, es en sí mismo una manifestación de la esencia de una cultura humana envejecida, esquizoparanoide en sus fundamentos e historia. Proviene de una cultura que hoy debemos ir arrinconando, en la cual, durante millones de años, los conflictos y problemas más graves se solucionaban con guerras, con muertes, es decir, con el aplastamiento del adversario/enemigo mediante la ira armada y el miedo. ¿Seguimos estando en el mismo periodo histórico, en la misma cultura? ¿O tenemos ya una amplia experiencia acumulada de cómo resolver conflictos sin guerras y muertes, a pesar de que haya oscuros intereses (en especial, de los fabricantes y traficantes de armas) para mantener esos mitos culturales? ¿No toca ya —y más en la Europa que ha originado las dos últimas guerras mundiales, con más de 100 millones de muertos— avergonzarnos de esas guerras, del militarismo, de la fabricación de armas y de las contiendas? Es un primer paso para deconstruir la simbología bélica de nuestra cultura. Una simbología que ha vuelto a aparecer con toda su ruda simpleza en el caso de la pandemia de la COVID-19. Cuando la crisis comenzó, la reaparición del discurso bélico fue inmediata, y no exclusivamente por parte de los militares. Se sigue hablando de guerra, guerra al virus, guerra contra un enemigo, del enemigo traicionero, de emboscadas traicioneras, de derrota, de lucha victoriosa, de que todos somos soldados, etc. Pura simbología bélica que tiende a soportar una perspectiva del ejército y de las fuerzas armadas nacionales que puede entrar en crisis precisamente por medio de otras utilidades del ejército ampliamente aceptadas por la población (por ejemplo la UME, la Unidad Militar de Emergencias). Y a nivel estrictamente lingüístico, ¿no era posible, no es posible una simbología basada en el apego, la solidaridad, la reparatividad y la ira contra el virus, las manipulaciones y la desinformación —y si se quiere darle competitividad, en la competencia en solidaridad y creatividad?

Insisto: ¿es el miedo la mejor forma de concitar esfuerzos? ¿O existen otras emociones primigenias, otros sentimientos básicos y otro tipo de moral menos guerrera, menos de ejércitos, de soldados y obediencia debida, menos esquizoparanoide, en la que podemos apoyarnos? ¿Cuántas industrias dedicadas a la guerra podrían haber fabricado mascarillas, equipos de protección, respiradores, sistemas informáticos y otra tecnología sanitaria que han escaseado en nuestros hospitales y centros de salud? La COVID-19 ha logrado en unos días esa pacifista transformación que nuestros dirigentes no se atrevieron a promover durante decenios. Eso prueba que sería posible aprovechar la DEM del miedo que la pandemia ha provocado incluso para la deconstrucción de un elemento nocivo en toda cultura, a saber, la simbología bélica, el lenguaje basado en ella, y la organización socioeconómica que los sustenta.

Sin embargo, con el nuevo *shock psicosocial* de la pandemia, a menos de doce años del anterior *shock* psicosocial masivo (una DEM masiva), estamos viviendo otra profunda regresión antisimbolizante, probablemente imprescindible para generar los «*shocks* del miedo» en el sentido de Naomi Klein [74]. Vale la pena aproximarse a su discurso. Es evidente que durante el siglo XX se había dado una marcha progresiva hacia la simbolización del miedo y de las reacciones ante el miedo: cada vez se vinculaban más con una visión comunitaria de este, más al servicio de la humanidad como un todo. Desde luego, esas perspectivas habían sido contrapesadas una y otra vez por las formas más descarnadas de la desublimación de la agresión y la violencia intraespecífica: por ejemplo, por las dos guerras mundiales que costaron a la humanidad, entrambas, más de 100 millones de muertos (y ambas desencadenadas por países europeos, supuestamente los más cultos de la especie). Dos guerras mundiales seguidas de todo un enorme rosario de guerras, terrorismos de Estado y destrucciones masivas dirigidas directamente a instilar el miedo en determinados cuerpos sociales y en las mentes (y en los sistemas nerviosos) individuales: las guerras militares, económicas y sanitarias contra África, contra Asia (contra China, Vietnam, Camboya, ahora contra Afganistán...), las guerras contra los árabes (contra Palestina, Iraq, Líbano, Libia, Siria...).

Pero todo aquello parecía que pasaba «fuera», en ese «otro mundo» que muchos viven casi como el «espacio sideral exterior». Aunque sabemos hace siglos que esas realidades «exteriores» siempre poseen repercusiones en el interior de los países imperiales; que, paralelamente, en estos, como ya avisaba Eurípides en *Las troyanas,* se van extendiendo formas cada vez más descarnadas y desimbolizadas de utilizar el miedo: Guantánamos diversos, terrorismo de Estado, recorte de libertades, recorte de derechos, persecución de minorías, mentiras y falta de transparencia política, «asesinatos selectivos», asesinatos de banqueros o dirigentes políticos que han caído en desgracia o «pueden hablar», a menudo disfrazados de suicidios o «muertes naturales», cibervigilancia generalizada… Un auténtico festival del terror o miedo biopolítico extremo [46], organizado y difundido con todo tipo de apoyos científicos y, en particular, de la psicología social y de las técnicas de *marketing,* pero de forma cada vez menos simbolizada, apoyándose en prácticas bien reales y asimbólicas. Ante él, la *psicopolítica* [140] aparece como un delicado invento que puede quedar anticuado. Con todo ello se obtiene un doble resultado; por un lado, el objetivo directo, de control, para el cual se utiliza el miedo como máxima arma paralizadora; por el otro, el objetivo indirecto, la regresión y la unidimensionalización del pensamiento que el miedo extremo y el miedo crónico implican y que es lo que da lugar a lo que llamamos «las burbujas del miedo» y a una nueva implantación esquizoparanoide del miedo en la cultura [161,135].

Todo lo contrario a lo que ya reflexionaba poéticamente John Done en 1624, en una de sus *Meditations:*

Nadie es una isla, completo en sí mismo; cada hombre es un pedazo del continente, una parte de la masa. Si el mar se lleva un terrón, toda Europa queda disminuida, como si fuera un promontorio, o la casa señorial de uno de tus amigos, o la tuya propia. La muerte de cualquier hombre me disminuye porque estoy ligado a la humanidad; por consiguiente nunca hagas preguntar por quién doblan las campanas: doblan por ti.

John Donne,
Devotions Upon Emergent Occasions,
Meditación XVII.

Miedo y burbujas: «burbuja sanitaria» y «burbuja psicosocial»

Como hemos repetido en una y otra ocasión, hoy no podemos sino admitir que, durante años, en varios países del mundo desarrollado no solo hemos vivido en una «burbuja inmobiliaria», sino también en una «burbuja sanitaria», de la que llevo años hablando [135, 138, 144]; e incluso en una auténtica «burbuja psicosocial», de la que aquí deberíamos decir unas palabras, pues ha facilitado nuestra (relativa) inanición ante el inicio de la pandemia del coronavirus y después, la pasividad y el pesimismo ante la ira organizada por las castas dirigentes. No han podido soportar ni siquiera lejanas amenazas a sus privilegios ya no de clase, sino de casta, ante las restricciones a «las libertades» impuestas para frenar la pandemia.

El miedo a la enfermedad y su consecuencia «posmoderna»: la medicalización de la vida cotidiana

La dificultad de soportar el miedo a la muerte, a lo perecedero de nuestra vida y de nuestra salud, a las pérdidas, a los procesos de duelo, a las limitaciones lleva hoy a una hiperpreocupación temerosa por la enfermedad en muchos miembros de nuestra sociedad. Un miedo realmente omnipresente en nuestra cultura «posmoderna», en este caso alimentado con generosas aportaciones de determinadas compañías farmacéuticas y de los distribuidores privados de servicios sanitarios. Pero, como se trata de un miedo cultural, generalizado, también los servicios públicos e incluso las campañas preventivas colaboran en las mismas tendencias hacia la *medicalización* [30, 135, 143]. Esta tendencia a dar explicaciones biomédicas y tratamientos *bio*médicos (que no *médicos*) se ha convertido ya en un rasgo ideológico y cultural fundamental de nuestra sociedad, en un componente probablemente indispensable de la *profesionaliza-*

59

ción de la vida cotidiana (junto con el empeño en profesionalizar la primera infancia).

Un proceso o problema humano pasa a ser definido entonces por algún grupo de presión cultural como una condición *médica,* independientemente de que esa definición sea teórica y metodológicamente correcta. O bien se aplican, una y otra vez, supuestos «tratamientos» biomédicos cuando, en realidad, la evolución de ese problema sería mejor si no fuera considerado y tratado así [30, 65, 78, 82, 144]. Como gran parte de la población se siente incapaz de aminorar los vertiginosos ritmos de cambio impuestos al planeta global, tendemos a centrarnos regresivamente en lo que podemos (o creemos que podemos) influir. Tratamos de minimizar los riesgos «estadísticos» que nos pueden tocar como miembros de un planeta no concebido como planeta sino como «propiedad privada» de pequeños grupos dominantes: por eso tratamos de preservarnos tan solo a nosotros mismos. Menos aún: tratamos de preservar nuestro cuerpo, nuestra salud, ese pequeño espacio orgánico privado que creemos nuestro. Como nos concentramos en escudriñar nuestra vida cotidiana con el «microscopio de la seguridad», uno de los focos a los cuales dirigimos nuestros microscopios y nuestros prismáticos es a la *salud.* No a la salud colectiva, ni a la psicosocial, ni a la ecológica, sino a la salud personal descomunitarizada. De esa forma, examinamos con atención los siete signos del cáncer, los cinco síntomas de la depresión, las cifras del colesterol, las calorías que ingerimos, las calorías que quemamos, los signos de estrés o los signos de envejecimiento celular de nuestros cuerpos y de nuestras vísceras...

El miedo a la enfermedad, al dolor, al sufrimiento, a las limitaciones, a la muerte es el punto de partida de la medicalización... Los protagonistas, múltiples y variados son, en primer lugar, los médicos y, en general, el personal sanitario [82, 144]. La mayoría estamos inmersos de lleno en la medicalización, en tanto que urbanitas formados en la «deformación profesionalizadora de la vida». En segundo lugar, la ideología difundida por las industrias tecnosanitarias, que forma un caldo de cultivo favorecido por el importante papel que dichas industrias juegan en el producto interior bruto de muchos de los países dominadores del globo: Estados Unidos, la UE, Suiza... Aunque ello no deba llevarnos, como propugnan algunos, a menospreciar el beneficioso papel que juegan hoy en día algunas industrias farmacéuticas y de tecnología sanitaria en numerosos ámbitos.

El tercer actor indispensable para la medicalización de la vida son los medios de comunicación, aquí claramente denominables «medios de propaganda», pues salvo en muy contados y a menudo discutibles medios «alternativos», casi todos difunden abiertamente la ideología de la medicalización... Y además, urgente, con todo tipo de pruebas, y sin listas de espera (?). Una buena muestra de esto es la urgencia por realizarse pruebas de la COVID-19 por parte de miembros de las clases altas, sin poder valorar su escasa fiabilidad, y disputándoselas en la práctica a los trabajadores de los servicios esenciales.

¿Cuántos ordenadores personales de conocidos suyos «se cayeron» por el famoso y temido «efecto 2000»? Pues algo similar está siendo explotado en el ámbito sanitario: casi cada año tenemos un nuevo miedo sanitario invadiendo nuestro mundo WEIRD *(Western, Educated, Industrialised, Rich and Democratic)*. Ya es hora de reflexionar e investigar sobre su cuidadosa seriación: uno o dos por año. Reflexionar sobre qué tienen de real y qué tienen de infundados: ¿cuántos de nuestros conocidos han enfermado o muerto por el mal de las vacas locas, por la gripe porcina, la gripe A, las alergias generalizadas, las «enfermedades psiquiátricas» como futuro azote de la humanidad? Hasta que de tanto nombrar al lobo... apareció la pandemia de la COVID-19, y a pesar de tanta supuesta preparación, nos ha cogido realmente desprevenidos, con unos sistemas sanitarios supuestamente avanzados, pero infrapreparados para atenderla.

El cuarto ámbito o rol indispensable para la medicalización lo juegan la administración y los gestores de los servicios sanitarios [30, 65, 82, 143, 144], los unos interesados por su difusión; los otros, evitativos ante el miedo (otra vez el miedo) de perder sus posiciones. Seguro que las perderían si se atrevieran a declarar abiertamente los enormes perjuicios que la medicalización está causando en nuestros días, tanto a las arcas públicas, como a la población en general.

Pero todo esto lo soportamos y apoyamos políticamente la mayoría de los ciudadanos de los países «tecnológicos». Si no comulgáramos acríticamente con esa ideología, la medicalización —o las diversas medicalizaciones supuestamente alternativas y esoterismos varios— no se sostendrían. Como tememos no ser capaces de soportar el dolor o la enfermedad, y se ha visto ya que la C-19 afecta menos a los miembros de las clases dirigentes, hay quien directamente niega su importancia sanitaria, para entregarse después rendidamente a las más absurdas promesas médicas. Trump, Boris Johnson, Bolsonaro, Almeida y otros egregios personajes han mostrado en esta crisis esa contradictoria característica de la medicalización: a menudo, la medicalización es lo contrario a la salud y, desde luego, a los cuidados médicos. Muchos creen que siempre hay un medicamento, una intervención médica o una exploración que lo resolverá todo; creemos que puede haber medicina para todos sin listas de espera, sin fracasos, sin errores, sin incertidumbres, sin enfermedades incurables, sin muertes... De ahí el espanto y las protestas generalizadas ante los retrasos y errores en la atención a la emergencia sanitaria provocada por la pandemia de la COVID-19. Incluso dirigentes políticos y económicos que han contribuido directamente al desmantelamiento privatizador de la asistencia sanitaria pública han reclamado después vehementemente envíos de material sanitario, personal sanitario, hospitales enteros...

Más allá de las consideraciones económicas, en el ámbito cultural e ideológico creo que podemos pensar que nuestras costumbres y hábitos con respecto a la enfermedad —y en general frente a las pérdidas— habían estado durante decenios derivando «tras el rumbo de la muerte». Cada vez se ve peor eso de entristecerse durante días o meses porque hemos perdido a una pareja, un amigo, una amiga, un amante, un ideal, un trabajo... Aunque haya muerto o hayas perdido a quien te consolaba, ayudaba ante los conflictos y problemas, a quien te alegraba, solazaba, distraía, acompañaba, compartía el frío y el calor viscerales contigo, no debes manifestarlo mucho porque entonces, no es que estés triste... es que estás *deprimido*. Y encima, para muchos, la depresión no es un trastorno relacional, una organización de las relaciones anómala, sino que es una *enfermedad*. Y usted no es que esté triste, o sea un triste, un aburrido, un melancólico, incluso. Es que es un *enfermo de depresión*.

Tras las medidas de aislamiento puestas en marcha con la pandemia, con la imposibilidad de velatorios, funerales y rituales funerarios en numerosos lugares del globo, que además darán lugar a una eclosión de «duelos complicados», ya ha surgido una tendencia a aumentar la distancia cultural con respecto a la muerte, los muertos, los funerales... En último extremo, frente al duelo y los procesos de duelo [63, 76, 138, 153]. De hecho, muchos de los jóvenes y no tan jóvenes que, saltándose las medidas de cuarentena, han puesto en peligro la salud colectiva, nunca han visto morir a un enfermo de coronavirus, probablemente ahogándose y entre estertores, si no sedado. Parte de sus reacciones maníacas y negadoras ante la enfermedad, la pandemia, la necesaria solidaridad en el cuidado mutuo, tienen que ver con esa infantilización a la cual llevan toda su vida gozosamente sometidos: por parte de sus padres, del clima educativo global, por parte del gobierno y de la oposición y, por supuesto, de los *medios de comunicación*. La inmensa mayoría no han visto morir a nadie, probablemente no se les ha muerto nadie, y ni siquiera han visto por televisión a sanitarios desesperados ante moribundos sufrientes. Nuevamente se está desarrollando un duelo negador y maníaco ante nuestra participación en la catástrofe.

Pero el mismo aumento de las muertes «no esperadas» y la atención que la población le está dedicando a estas, ha puesto de manifiesto la tendencia opuesta, la tendencia a estar más atentos a las muertes porque «cada muerte me representa». Por ejemplo, ¿cómo esconderán ahora sus vergüenzas seudoéticas los que bloquearon una y otra vez cualquier regulación legal de la «buena muerte» en nuestro país cuando se ha practicado la eutanasia incluso activa con miles de pacientes afectados por la COVID-19 en todo el mundo? La guía de principios éticos para la epidemia consensuada por más de 12 instituciones de bioética del país es una palmaria manifestación de esas otras posibilidades de relación con la muerte y las muertes y, en definitiva, de la posibilidad de otras normativas morales y legales [95, 166].

Como ya hemos explicitado en otros momentos [140, 144] la *psiquiatrización de la vida cotidiana* está pasando a ser la punta de lanza de la *medicalización*, que a su vez es la forma dominante de *profesionalización o profesionalismo* de la vida cotidiana. Así, miles y miles de conciudadanos están viendo empeorada su vida y sus capacidades más humanas, están cronificándose en supuestos trastornos psicopatológicos antes inexistentes, están cronificándose en el uso de psicofármacos de dudosa utilidad. Hoy estamos en posición de poder afirmar que buena parte de los tratamientos «antimiedo» (sedantes) y «antidepresivos» que se administran en nuestra sociedad no mejoran significativamente la salud *social*, aunque puedan ser muy útiles en algunos personas con trastornos mentales realmente graves [144]. El término «antidepresivos» (como el de «antipsicóticos» y no «neurolépticos») es un término encubridor [87, 143], una muestra de la «manipulación generalizada del lenguaje», de una auténtica «burbuja lingüística»; por sus efectos comprobados, son fármacos «antiemocionales», no «antidepresivos». Ahora bien, si la pena, la tristeza, la culpa y otras emociones y sentimientos son excesivos, esos fármacos pueden ayudar a su cuidado.

Para los que hemos trabajado en los últimos decenios en el ámbito sanitario, otro ejemplo de la «burbuja sanitaria» es el de los tratamientos unidimensionales, antiintegrales y antidemocráticos de los pacientes con psicosis, que hace que la mayoría reciba como único tratamiento... psicofármacos. En ocasiones, hasta cuatro y cinco psicofármacos por sujeto, sin posibilidades de elegir otras ayudas diferentes, que no sean «tratamientos» (médicos). Un «tratamiento» carísimo que, además, se prescribe sin que se conozcan bien los efectos primarios y secundarios de esos fármacos a lo largo de los años y, menos aún, las interacciones de esos cócteles medicamentosos [16, 87, 137, 139].

Una tercera muestra: durante 2014 y varios años más, España compartió con Estados Unidos el dudoso honor de ser el primer país del mundo en consumo por habitante de hipnosedantes, el segundo en antidepresivos (el primero, Estados Unidos) y, probablemente, también el segundo en neurolépticos (el primero, Estados Unidos).

Por otro lado, investigaciones británicas muestran que, de los pacientes inscritos en un médico de cabecera, el 5 % sufre pérdidas significativas cada año, con los procesos de duelo consiguientes. Investigaciones propias hablan de un porcentaje algo mayor: entre el 6 y el 10 % [149], y que la mayoría acude al médico o son asistidos «sanitariamente» en las semanas o meses subsiguientes. Pero si tenemos en cuenta las ideologías y las prácticas antes citadas ¿cuántos se están cronificando en nuestras sociedades mediante lo que he llamado la *cronificación medicalizada?* Una forma de medicalización para la cual ya propusimos ese término en 1984 [138, 152]. Consiste en la tendencia a cronificar y cronificarse mediante el uso de ciertas medicaciones e intervenciones médicas; en último extremo, una forma de «fidelizar al consumidor».

Sin embargo, hoy ya sabemos que, si no se perciben, sienten, toleran y elaboran los temores actuales y pasados, las pérdidas y frustraciones, van a darse una serie de consecuencias bio-psicosociales futuras, tanto en el individuo como en los grupos humanos [44, 94, 138, 144]. Tras la pandemia de la COVID-19, los sobrevivientes tendrán que vérselas con muchas de ellas [63, 76]. Ya los griegos clásicos conocían ampliamente el tema, al menos desde el siglo VI antes de nuestra era. Por eso el pueblo griego estaba obligado a presenciar anualmente las tragedias y padecer en ellas, con los otros, los miedos por el posible final de sus familias, sus clanes, sus polis, sus pueblos... Hoy, la medicalización de la vida —y dentro de ella, la psiquiatrización— se ha convertido en un grave peligro para la salud social, para la salud entendida como una forma de vivir «alegre, solidaria y gozosa», o entendida como la capacidad de «amar, trabajar, disfrutar y tolerar» [144] sin necesidad de millonarias muletas analgésicas, hipnóticas, antidepresivas o «activadoras», administradas a millones de personas para no efectuar cambios en la organización social y psicosocial [63, 78]...

Está claro que, por un lado, las propias industrias fabricantes favorecen el gasto social en fármacos y tecnología sanitaria, pues es la base de la expansión de sus negocios en una economía de mercado. Como ya ha quedado demostrado, eso puede llevar a casos de invención de enfermedades, invención de pandemias y, sobre todo, a la «promoción de las enfermedades», una técnica comercial clara y directa basada en la utilización comercial del miedo (a la enfermedad y al dolor) [65, 82, 135]. Basta con atender un día cualquiera los noticiarios televisivos para observar cómo se promocionan en ellos determinadas enfermedades y, cómo no, los fármacos existentes o en gestación que las «derrotarán». Pero además, el aumento del consumo de fármacos, y en especial de psicofármacos, lo favorece sobre todo una ideología social, una cultura que, cada vez más, resulta intolerante e incapaz de soportar las pérdidas y las frustraciones afectivas y vitales, nuestra baja tolerancia al sufrimiento. Y además, como ya hemos visto, el miedo irracional, casi fóbico, a la enfermedad y a la muerte, sobre el que se añade el uso perverso de ciertos mecanismos comerciales, claro está. Es un tema sobre el que deberíamos reflexionar. Y reflexionar en tanto que ciudadanos, miembros de la *polis,* y mucho más en esta situación de emergencia social.

La perversión de los fines de la medicina, que ya hace años denunció Ivan Illich [65], paralela a su «impregnación» de una concepción tardocapitalista de la economía (basada en la especulación y el beneficio líquido inmediato aprovechando para ello la inextricable coyunda entre capital privado e instituciones estatales), ha llegado a ser tan amplia que ya contamina incluso la prevención (y, por supuesto, la búsqueda de fármacos y vacunas para la COVID-19, como han mostrado ya los primeros escándalos sobre el tema). De ahí que algunos propongamos la necesidad de nuevos conceptos y actitudes, como los de «prevención cuaternaria» [144], para aplicarla a un ámbito en el que la «burbuja sanitaria» y la «burbuja psicosocial» muestran bien claramente sus interacciones y apoyo mutuo.

Sin embargo, la medicalización cultural y la psiquiatrización abusiva han contribuido a dejarnos más inermes ante las emociones y a que soportemos peor cada una de ellas y, en particular, el miedo (y tal vez, las rupturas del apego y las «ansiedades ante las separaciones»). Ese mal ya está hecho: no es de ahora. Nos ha dejado más inermes personal y socialmente ante el miedo y las DEM. Son las pastillas, la tecnología o las mascarillas lo que nos salvará, con menosprecio de otros elementos de hecho mucho más importantes y que son los que, en realidad, sostienen la tecnología: la capacidad de organización, la capacidad de investigar y compartir conocimientos (una sublimación de la emoción del *seeking,* de la indagación, de la activación del SNC y el córtex cerebral); la solidaridad, la moral del cuidado mutuo y los sistemas comunitarios de cuidados como extensión de los sistemas emocionales de los cuidados y de los procesos de duelo; la culpa y la tristeza y las cogniciones superiores y mentalizantes; ciertas dosis de ira para competir entre equipos, empresas e instituciones por aumentar la producción, el apoyo mutuo, las mejoras tecnológicas, las mejoras en el cuidado del medio ambiente…

Sin embargo, en la era del tardocapitalismo neoliberal, el cuerpo deja de ser la base para las fuerzas productivas. Su cuidado social deja de ser ortopédico, sustentador-sometedor mediante la amenaza del miedo y el dominio de la *biopolítica,* los daños biológicos, que diría Foucault [46], para convertirse a menudo en un «cuidado de optimización estética», utilizando para ello medios técnico-sanitarios y mentiras y falacias seudosanitarias. En ese sentido, las posibilidades de usar el *fitness* como negocio económico son casi infinitas, al menos con las subpoblaciones *shooting stars*. Ese uso estético del cuerpo y esa comercialización del mismo en pseudoprevención y pseudoasistencia son otras de las bases fundamentales para la «burbuja sanitaria», tanto como el miedo a perder la salud o la belleza. Lo hemos visto en las enormes presiones (no solo de las empresas, desde luego), para la apertura de los gimnasios y las salas de *fitness* durante la desescalada.

Insisto. Deberíamos tener más en consideración la gravedad de la «burbuja sanitaria», es decir, el espejo cambiante e inflado que promete que, con más dedicación y gastos en salud y en su prevención medicalizada se va a mejorar la salud individual y poblacional. No hay mejor muestra de lo que decimos que la tragedia que ha asolado a la segunda potencia mundial, los Estados Unidos, con ocasión de esta pandemia. La sociedad con gastos sanitarios mayores ha sido la que peor ha cuidado la salud de sus poblaciones; en particular, de sus poblaciones económica y socialmente deprimidas: la tasa porcentual de enfermos y muertos no tienen parangón en el mundo «desarrollado». En nuestro país y, en general, en Europa, no hay que olvidar que parte del desastre sanitario y social producido por la pandemia y parte de las muertes son atribuibles a los brutales recortes en la sanidad pública que muchos países han padecido estos últimos años bajo la directiva del Fondo Monetario Internacional y el Banco Mundial. Pero tampoco hay que olvidarse de que ya antes de esta crisis, incluso antes de la del 2008, sabíamos que, a partir de un determinado nivel, los gastos incluso exponenciales en supuesta salud y en «prevención sanitaria», si no se cambian hábitos individuales y sociales, solo significan lo que significan y producen lo evidente: un espejismo hinchado de falsedades escasamente organizadas y de delicuescentes promesas que se difunden utilizando de manera fraudulenta el miedo [82, 135, 143]: el miedo a la vejez, el miedo a perder el aspecto «juvenil» y la «forma física», el miedo a perder la salud, el miedo a la enfermedad, etc. Y, encima, contribuyendo al «profesionalismo desmedido» y a la heteronomía de la población.

Bastantes países tecnológicos han alcanzado una nada despreciable edad media y salud general de sus poblaciones. Sus presupuestos y esfuerzos supuestamente dedicados a cuidar la salud de sus ciudadanos seguían creciendo de forma imparable, a menudo por delante de otros muchos capítulos presupuestarios (tal vez con la excepción de los dedicados a la guerra y a las armas). Sin embargo, de poco han valido esos ingentes presupuestos y gastos ante un microorganismo no esperado, ante una peste «fuera de su época». De ahí la aplicación del término «burbuja», pues se trata de una brillante y frágil pompa de aire, artificialmente creada e hinchada, que como tal va en contra de lo que dice cuidar: la salud de los ciudadanos.

Además, esa orientación biologista, profesionalista y maquinizadora del conjunto de gastos sanitarios durante decenios ha estado favoreciendo el aislacionismo y el supremacismo de unos sistemas sanitarios con respecto a otros, algo que ha resultado toda una trampa para la respuesta de continentes enteros ante la COVID-19. ¿Cómo enfocar las consecuencias psicológicas y sociales de una crisis, de una pandemia? ¿Qué haremos con los miles de duelos complicados que se avecinan? Duelos por pérdida de familiares, amigos, amantes, conocidos a los que no hemos pedido despedir, llorar en compañía, abrazar, a menudo ni siquiera ver, y que se apilarán drásticamente en la segunda parte de 2020, como antes se apilaron los ataúdes? ¿Cómo se están preparando nuestros reduccionistas sistemas sanitarios y psiquiátricos para atenderlos?

Por otro lado, ya hemos mencionado que en varios países europeos hemos vivido no solo con una «burbuja inmobiliaria» y una «burbuja sanitaria», sino también con una auténtica «burbuja psicosocial», de la que querría decir unas palabras.

Utilizo aquí esa misma metáfora de las burbujas para hablar de la «burbuja psicosocial». Quiero significar con ella la serie de espejismos, generados con el inapreciable apoyo de conocimientos y técnicas psicológicas, acerca de nuestras formaciones sociales y su equidad y su justicia, acerca de su salud individual y colectiva, acerca de sus valores, acerca de sus ideologías, acerca de la democracia imperante en ellas... Toda una serie de «virus deformantes» de gran capacidad de expansión que nuestro desvalimiento ante la pandemia de la COVID-19 ha hecho reemerger. En la «vieja Europa» y en Estados Unidos buena parte de la población aún se ve reflejada y representada en esas destellantes y volanderas burbujas y casi comulga con ellas. Por eso hablamos de la «burbuja psicosocial». Sobre todo porque, más aún que en la burbuja económica o en la burbuja sanitaria, la finalidad de la burbuja psicosocial es que la población viva en ella sin sentir que hay un más allá. Que renuncie a la utopía y acepte acomodarse a la *hictopía*. Que piense, sienta, razone, comunique dentro de la burbuja, pero sin ser consciente de su existencia, en una especie de *Matrix* generalizada, regida por el principio de la autoexigencia «neoliberal» tardocapitalista. Y si no llega a ser por la crisis político-económica desencadenada a partir de 2008 y por la crisis provocada por la COVID-19, hubiese parecido que el objetivo de la *Matrix generalizada* se podía alcanzar. El fin último es que, incluso en periodos de crisis estructural, la población siga viviendo mayoritariamente en esa matriz cerrada y autorreflejante ante la presión de países como China, India y los países «emergentes»… Pero la potencia de la COVID-19 parece que ha abierto amplias dudas con respeto a la resistencia de esa burbuja y a la posibilidad de seguir engañándonos con ella.

Tendemos a creernos los pueblos más demócratas y libres del mundo, los inventores de la democracia y los árbitros mundiales de esta, cuando, en realidad, nuestras votaciones y elecciones poseen muchas más irregularidades y sesgos antidemocráticos que otras elecciones que ufanamente nos atrevemos a «supervisar». Sin embargo, las crisis migratorias hacia Europa en lo que va de siglo, así como la erección de fronteras y diferencias dentro de la propia UE con la pandemia de la COVID-19 demuestran a las claras su carácter fundamentalmente ilusorio, narcisista con la consistencia de agua de lago y ni siquiera de espejo. Nuestra Europa sigue siendo, sobre todo, la Europa de los mercados, donde hay libre circulación de capital y especulación, pero donde la libertad de movimiento de seres humanos siempre es menor e incluso sujeta a restricciones de un día para otro: se han cerrado las fronteras a los ciudadanos comunitarios y extracomunitarios, pero no a los capitales ni a los fondos de inversión asentados en los paraísos fiscales de la propia Europa, que pueden adueñarse de empresas esenciales o estratégicas en cualquier país… o de las residencias de mayores.

En esa burbuja psicosocial el empobrecimiento, la manipulación y la perversión del lenguaje han desempeñado y están desempeñando un papel fundamental. La burbuja psicosocial puede mantenerse en parte gracias a la perversión de nuestro léxico habitual, que, al mismo tiempo, ha sido causa y efecto de la perversión de las relaciones y los sentimientos humanos [15, 124]. Al menos en el «norte tecnológico» del planeta, el lenguaje de los políticos y de los hombres públicos ha cambiado su objetivo fundamental: a menudo, no se trata de «comunicar», sino de «incomunicar» con la apariencia de informar e incluso de «comunicar» (Y recordemos que comunión viene de *com-unión,* del «moverse juntos» de las lenguas indoeuropeas).

En ocasiones, la violencia contra la lengua es tal que podríamos hablar incluso de «burbuja gramatical» y *crisis gramatical;* por ejemplo, en el lenguaje de numerosos políticos e «informadores»: rebosan circunstancialismos, adverbios de modo, frases hechas, estereotipias y prosodias anómalas (aceleración innecesaria, eliminación de pautas, pausas y marcaciones, sujeción a tiempos y cadencias impuestas siempre desde fuera...). No es un lenguaje para «matrimoniar la palabra con el mundo», la mente con la realidad. Demasiado a menudo, lo que busca es exactamente lo contrario: dejarnos ver tan solo las paredes de la burbuja psicosocial, ilusionarnos con sus destellantes espejismos, hacernos creer que estamos informados, lograr que aceptemos la hictopía como única posibilidad... La emocionalidad y la solidaridad compartida habían roto esa burbuja gramatical omnipresente, pero el uso del lenguaje bélico, guerrero y militarista en la crisis y la pandemia de la COVID-19 son formas realmente clásicas de intentar reconstituirla.

En definitiva, la burbuja sanitaria y la burbuja psicosocial autovalorativa de nuestros sistemas son componentes de nuestra organización social que han facilitado la vulnerabilidad sanitaria y que posiblemente jugarán un papel relevante en los intentos regresivos y no progresivos de salida de la crisis.

Otros miedos que han saltado a primer plano

En otro lugar nos hemos acercado a describir una especie de «catálogo de los miedo y temores» propios de la posmodernidad tardocapitalista, considerándolos como construcciones socioculturales basadas en la emoción primigenia del miedo [135]:

- El omnipresente y aún poco tratado miedo a la muerte,
- el miedo a la enfermedad y sus consecuencias (medicalización, profesionalización y medicalización de la vida cotidiana…),
- el miedo a las guerras y al terrorismo,
- el miedo a la inseguridad de todo tipo y a la incertidumbre (una especie de metatemor),
- el miedo al miedo (otro metatemor),
- el miedo a la verdad social,
- el miedo crónico en las situaciones sociales como el acoso escolar, el acoso en el trabajo, la violencia de género y doméstica, el miedo a la soledad y a perdernos sin identidad en la multitud de iguales,
- el miedo a la privacidad y a la intimidad y el miedo a perderlas,
- el miedo a la relación humana directa,
- el miedo al extraño, tan básico en el fascismo y el *fascinismo,*
- el miedo al más allá y a los seres del más allá,
- el miedo a la locura y al trastorno mental…

Como podemos ver, todo un catálogo que resulta reforzado y salta a primer plano en situaciones de catástrofe, de duelo generalizado o de pandemia como la actual. De algunos de esos temores hemos dicho unas palabras, pero no podemos tratar cada uno de ellos hoy y aquí, por lo que invito al lector a reflexionar y a profundizar en el tema mediante la bibliografía propuesta. Valdría la pena reflexionar también sobre cada uno de esos miedos y temores actuales, relanzados por la pandemia de la COVID-19 y las medidas de emergencia social adoptadas.

Acabamos de describir algunos aspectos del miedo a la enfermedad y la muerte, pues evidentemente, están en la base de los componentes psicosociales de toda epidemia y toda pandemia. Pero otras formas del miedo que se han hecho aparatosamente presentes son el *miedo a la inseguridad y a la incertidumbre*, que ha dado lugar, por ejemplo, a la epidemia de expertos», a confianzas ciegas en expertos y a muchas *fake news,* falsos conocimientos y noticias que nos ha invadido: casi preferimos creer o adherirnos a cualquier supuesto conocimiento o creencia antes que soportar la incertidumbre en la cual estamos realmente acerca del futuro... La *burbuja psicosocial* es una creación *ad-hoc,* en la cual prefieren convivir muy a gusto una buena parte de nuestras clases medias antes que enfrentar el miedo por la ruptura de aquella, y, por tanto, las dolorosas verdades y virus que aparecerían detrás, en los fundamentos de dicha burbuja (por ejemplo, la destrucción masiva de ecosistemas; por ejemplo, explotación, hambre y muerte de centenares de millones de seres humanos en otras latitudes e incluso en las nuestras...).

El *miedo a las situaciones sociales de perversión* y a su dominio en una crisis como la actual ha llevado a que los gobiernos que han querido cuidar a sus pueblos no solo lo han hecho a nivel sanitario, sino también protegiendo a sus conciudadanos de diversas situaciones de abuso de poder. Protegiéndoles, por ejemplo, ante el acoso laboral y la violencia de género. Protegiéndoles también, pero más timoratamente, de otras invasiones a su mente y su intimidad, un temor o miedo bien notable en nuestras sociedades.

El *miedo a la pérdida de control y a la locura* ha llevado no solo a pintorescas teorías con respecto a las formas de control/autocontrol, sino, y ya a nivel más anecdótico, a difundir peregrinas excusas proyectivas a cerca de por qué yo (o los míos) no puedo cumplir las medidas de control, aceptar las recomendaciones impuestas por otros, llevar mascarillas...También ha llevado a la creación de peregrinas excusas y justificaciones, teorías y bulos con respecto a la pandemia... En el colmo del chauvinismo y de la identificación proyectiva, ha habido dirigentes empeñados en identificar el coronavirus, la enfermedad de la COVID-19 o las medidas de confinamiento y distancia social con respuestas iracundas y peligrosas que «los otros», que los extraños de turno (los chinos, los pobres, el gobierno, los terroristas...) han puesto en marcha para acabar con nuestra industria, nuestras empresas, nuestra cultura, nuestros bienes...

Pero querría mencionar al menos tres temores que hemos podido observar en primer plano con la crisis de la pandemia: el miedo a la privacidad/intimidad, el miedo a perderlas (el miedo a las invasiones de esta) y el miedo a la relación humana directa.

La dialéctica entre el *miedo a la privacidad / intimidad y el miedo a perderlas* —que agita las redes informáticas, la ideología, la política y la cultura de nuestras sociedades— ha sido trastocada por la pandemia y por las actuaciones puestas en marcha para atajarla. Estas suponen aislamiento, dificultades para contactar y comunicar, y por tanto remiten a conflictos más básicos: el *sentimiento de soledad* y el *miedo a la soledad*. La capacidad para estar solo, para valorar los momentos de soledad en medio de la vida relacional es un componente necesario de la intimidad, de la identidad, de la mismidad, de la integridad de la personalidad. La dialéctica *soledad necesaria / miedo a la soledad* ha cambiado radicalmente en cada sujeto y en cada grupo por la aplicación de las medidas de aislamiento social sostenido. Por eso, a nivel internacional, hay tantas resistencias a aplicarlas y a acatarlas, y de tan diferente origen y tipología. Y no nos referimos aquí a las alteraciones de esa dialéctica en el caso de los pacientes con trastornos mentales graves, más o menos afectados por esas medidas [1, 63]. Nos referimos a la experiencia vital de cada ciudadano, familia y grupo.

En realidad, en las «sociedades líquidas» y en la «vida líquida» de nuestros días [13], la intimidad proporciona poca seguridad. La verdadera intimidad tiene que ver con una integridad y una integración personal conseguida a lo largo de trabajosos esfuerzos, en relaciones suficientemente buenas y suficientemente estables que proporcionan la matriz para la gratitud y la solidaridad. Por ello no parece adaptarse mucho a las necesidades continuamente cambiantes de adherirse a nuevos objetos, normas y costumbres, necesidades intrínsecas estas a la *sociedad líquida*… Casi puede parecer un contrasentido, un proceso contradaptativo en ese tipo de sociedad. Por eso, a menos que idealicemos la intimidad, o a menos que seamos totalmente acríticos con respecto a las repercusiones de ese funcionamiento social «líquido», dominante en este momento de la historia, no podemos dejar de observar una profunda contradicción entre ambos elementos.

Es cierto que el desarrollo de las capacidades de mentalizar y simbolizar en nuestros días puede favorecer el desarrollo de una identidad con interior mentalizante, volcada ya constitutivamente a la interacción. Pero tal vez pueda existir otro modelo de identidad igualmente coetáneo, que es el del ser humano extrodeterminado, «transparente», sin intimidad y, desde luego, sin privacidad ni confidencialidad con respecto al poder y sus demandas, una subespecie de *sapiens sapiens* cada vez más frecuente en las sociedades tecnológicas.

De todas formas, la *intimidad,* personalmente es consecutiva al logro de una identidad y «un lugar en el mundo», y como logro histórico de la humanidad sigue teniendo gran valor para muchos de sus miembros. Una intimidad «introdeterminada» aún puede ser un valor defendible para muchos, una forma de mantener la independencia y la autogestión en las sociedades líquidas, sin normas externas permanentes. La alternativa no es una intimidad «extrodeterminada» en la que se defiende una supuesta intimidad de la familia, el hogar, mi trabajo, mis armas… Eso, como mucho, puede llevar a una privacidad defensiva, pero no es identidad. En realidad, se halla totalmente extrodeterminada. Para tener intimidad (una identidad como adultos velable/desvelable según nuestros deseos y necesidades), hoy habrá que basarla en el cultivo y la defensa de las diferencias, opacidades y «rugosidades», tanto en la propia vida como en la de los demás. No por más privacidad se aumenta automáticamente la intimidad. Si no fuera por las telecomunicaciones, no hay mayor privacidad que la de la persona confinada dos o tres meses; pero la intimidad en un búnker no es intimidad, sino aislamiento. No implica un mundo interior vivo y coloreado, porque ese mundo interior diferenciado solo puede cultivarse poniéndolo en contacto con otros mundos interiores en la vida multiforme de las ciudades y las redes informatizadas de relación y de medios de comunicación renovados.

Además, ese miedo ha entrado en acción y reacción con los temores opuestos: a que poderes bien reales de este mundo (o fantasiosas organizaciones conspiranoicas) invadan nuestra intimidad y nuestros datos. Por ejemplo, mediante los numerosos sistemas telemáticos y *apps* puestas en marcha para controlar la epidemia, el confinamiento, las medidas de cuarentena...

Ante esa compleja dialéctica, al menos hemos de recordar que, como muy bien sabemos los que nos dedicamos a la atención precoz a las psicosis, no por mantener una privacidad atrincherada se mantiene una intimidad. De ahí que el miedo a perder la intimidad a veces sea realista (la invasión de nuestra vida privada) mientras que, en otras ocasiones, no es sino una manifestación última de la privacidad atrincherada como defensa contra todos «los otros» considerados peligrosos. Como veremos a continuación, a menudo el miedo a perder la intimidad no es sino el miedo a la inseguridad (en el medio de la *polis*).

El miedo a la relación humana directa: ¿el infierno es el otro, como mantenía Jean Paul Sartre?

En realidad, a pesar de lo que se dice y se escribe a menudo, la posibilidad de un ser humano de relacionarse de forma no agresiva con otro, la posibilidad de relacionarnos dominados por emociones diferentes al miedo o la ira es hoy mucho mayor que en otras épocas [99, 101, 154]. Por un lado, en pocos momentos de la historia ha habido tanto interés por las relaciones humanas, tanto aparente deseo de cultivarlas, tantas posibilidades para establecer tan abundantes y diversas relaciones… Pero, por otro, esa apertura probablemente plantea que las posibilidades y peligros de elección —y las posibilidades de elección desacertada de una relación con un «otro»— sean tan amplias… Tan amplias que la posibilidad de relacionarse tiene otro motivo más para llenarse de temores, de miedos. Ante la engañosa seguridad de una identidad y una intimidad trabajosamente conseguidas, ¿por qué arriesgarnos a los peligros emocionales e incluso físicos de una nueva relación con alguien nuevo y diferente o, simplemente, con *alguien*? ¿Por qué arriesgarnos a una relación diferente de la más fácil y conocida de todas, la relación narcisista, la relación con nosotros mismos…?

Para muchos y en muchos momentos, de la cueva, de nuestra madriguera aislada, solo nos pueden sacar de formas muy paulatinas, controladas, cuidadosas… De ahí la importancia que adquieren las vías de comunicación indirecta, a través de las TIC. Por un lado, porque abren mundos de relaciones potenciales. Por otro, porque evitan los posibles sufrimientos y sinsabores de la relación directa, cara a cara, piel a piel, mucho más dolorosa cuando es dolorosa (aunque también mucho más placentera cuando es placentera). Los «juguetes y caprichos» para la comunicación tienen aquí el campo abonado. Y no tanto como logros, como avances, que en muchos casos lo son. Al fin y al cabo, internet, la comunicación por la red, ha supuesto una enorme revolución en la historia humana, en la historia de las sociedades y culturas humanas. Y solo estamos al comienzo. Pero es que *la red*, los *chats,* las redes sociales informatizadas, *YouTube, Instagram, WhatsApp, Zoom* y demás facilidades tecnológicas nos proporcionan la posibilidad de ampliar nuestras relaciones, pero también la ilusión de relacionarnos sin los riesgos de relacionarnos. Es una *agorafilia sin los peligros de la claustrofobia*, de quedarnos encerrados en situaciones o personas que nos hagan sufrir. Y con el espejismo o ilusión sobreañadida de que tenemos relaciones mucho más amplias y variadas. Se puede objetar que la amplitud y la variedad vendrían dadas por la profundidad de unas pocas relaciones que nos incitan y someten más que por millones de *likes* y *followers*. Pero ¿quién dice que una experiencia amplia y más superficial pueda ser mejor que otra mucho más profunda, que puede afectarnos de forma mucho más grave y radical si nos equivocamos o fracasamos?

La precariedad de los lazos humanos es una característica descollante de la «vida posmoderna líquida», de la *sociedad de la especulación informatizada*, como prefiero llamarla. La distancia entre el productor y la plusvalía que produce es la mejor prefiguración de la fragilidad de los vínculos: se rompen con tanta frecuencia y facilidad, que se produce un cierto recordatorio continuado de la mortalidad de la vida humana y paradójicamente, nuevos empeños en negar y disociar esa percepción. Preferimos invertir nuestra esperanza en redes, más que en *los otros* o en relaciones con otros. En una red siempre hay números de teléfono, mensajes automáticos y claves que aseguran lealtad eterna, pero en las relaciones interpersonales todo anuncia su posible fragilidad, vulnerabilidad y, peor aún, su trascendencia...

De ahí que tengamos a una parte de los jóvenes (y de los adultos, y de los viejos, y de los niños) «enganchados a la electrónica». En primer lugar por sus valores intrínsecos. En segundo lugar, por su valor sustitutivo. En tercer lugar, como antídotos de la ruptura de los apegos. Y en cuarto lugar, por sus promesas ilusorias de evitar fracasos y sinsabores... Así, tenemos jóvenes que se despiden en la puerta de casa para volver a conectarse por teléfono, por el móvil, por *Skype,* por *chat,* por cualquier red social informatizada en cuanto entran en ella... Y eso no tiene por qué resultar negativo si el aspecto timorato, dominado por el miedo y las *ansiedades ante la separación*, no predomina sobre el aspecto de nueva y más amplia exploración, de aproximación progresiva al mundo del otro y al mundo de los adultos.

Ahora bien, los que se conectan solo mediante esas vías indirectas, que excluyen el cuerpo directo, dominados por el temor a «conectar» directamente; los que se conectan por vías informáticas solo como refugio defensivo; los que se dejan dominar por el miedo, en esa fobia social pseudocompensada, pueden sufrir dificultades en su desarrollo, sus relaciones sociales, su vida toda… No es tanto que las provoquen los modernos medios electrónicos (que dificultar, lo que se dice dificultar o negar, no dificultan nada). Ni incluso en situaciones de aislamiento forzado, como ha sido la pandemia: en realidad, las medidas recomendables son de aislamiento físico, pero con un aumento del contacto social, de la conectividad [59]. Como decía un grupo de profesionales portugueses, *É importante mantermos a distancia dos corpos e a proximidades dos coraçoes* [63]. El problema, y lo que debemos preguntarnos, es por qué este joven (o este adulto) los utiliza defensivamente, por qué los utiliza contra el miedo a la relación, contra el supuesto mal que los otros significan, para aislarse más y más… ¿Por qué *los otros, los demás* son un mal para él/para ella?

De nuevo, la pandemia de la COVID-19 ha puesto de manifiesto que siempre ha habido otras formas de utilizar las TIC (más relacionales e incluso creativas) y que esas otras formas o maneras son mucho más frecuentes de lo que suele creerse y decirse. De la misma forma que las televisiones (las supuestamente «públicas» y las «privadas»), con inventiva suficiente, habrían podido jugar un papel fundamental en la continuidad de la educación de niños y jóvenes, inadecuadamente detenida (¿durante cuánto tiempo?). Pero para ello habrían tenido que aceptar y defender su enorme valor de servicio público por delante de los que parecen haber sido sus objetivos reales: 1) medios para lograr audiencias y negocios con la publicidad; 2) medios para ampliar y difundir el *shock del miedo*; 3) órganos de difusión de los grupos sociales partidarios del *statu quo* tras la pandemia, 4) Aunque ello, en ocasiones, los haya llevado a difundir el odio y la ira y, muy a menudo, selectivas parcialidades cuando no mentiras descaradas.

La emergencia de origen sanitario nos ha metido a todos en el aislamiento, pero podría contribuir a «sacarnos de la cueva», a utilizar las TIC no de forma narcisista-aislacionista, sino de forma solidaria-comunicativa. La emergencia social de la COVID-19 ha podido mostrar una auténtica «vía preferencial» para la creatividad, el apoyo mutuo, la solidaridad, la generosidad e incluso el humor a través de la red. Si profundizamos y mantenemos esa tendencia, podría llevarnos a todo un cambio cultural alternativo o complementario del que ya están generando.

En las sociedades tardocapitalistas, en estas sociedades tan marcadas por la necesidad de tener una «identidad social», en las que a menudo esa identidad es un espectáculo cuyo éxito garantiza la realidad de aquella, resulta consustancial que los intereses económicos y culturales de clase se vean no solo remarcados, sino hipertrofiados. Por eso, ante la crisis económica subsiguiente a la pandemia, bien jaleada por amplias medidas del *shock del miedo,* sectores enteros de las clases medias y la clase dominante pronto han comenzado a sentir que un peligro mayor que la enfermedad era la pérdida de las posiciones y privilegios de clase y de casta. Pronto ha quedado de manifiesto no solo el poder social, externo de la ideología neoliberal, sino también el poder interno, como construcción introyectada entre los esquemas cognitivos y sentimentales fundamentales de buena parte de las clases medias y de las castas dirigentes, como *producto psicopolítico*. De ahí que se haya desatado una auténtica carrera para defender un futuro sin cambios importantes: de ahí la utilización masiva de la ira (contra los gobiernos y las organizaciones de cuidados); de ahí la proliferación de perversiones en la comunicación, unas de índole personal, psicopatológica, pero otras muchas, perfectamente organizadas, financiadas y cultivadas en auténticas granjas de bulos, *granjas de bots*. Su fundamento psicosocial son los temores a perder la posición y los privilegios, pero, más allá, el riesgo de la propia liquidez de las estructuras intrapsíquicas más frecuentes en la relación social, basadas en el consumismo, el poder y la adhesividad. Claro que en este tema nuestro país partía de posiciones ya «avanzadas» (hacia atrás), pues su casta dirigente tiene una experiencia de varias generaciones de negacionismo, de duelo negador, maníaco y paranoide: por su particular fascismo, por la Guerra Civil y las masacres, penurias y desapariciones de la postguerra, por el desprecio de la memoria histórica.

Dejo en suspenso aquí esta breve descripción de algunas de las expresiones del miedo que se han hecho patentes con la epidemia de la COVID-19, porque me interesaría intentar enmarcar ese sistema emocional en el conjunto de los sistemas emocionales o emociones del ser humano.

5. Dos aproximaciones fundamentales: emociones primigenias y niveles para la contención

Por una nueva perspectiva de las emociones y su papel en la psicología y la psicosociología

Aunque todavía echamos en falta una «teoría del campo unificada», parece que comienza a haber un cierto acuerdo entre neurofisiólogos, neurólogos y etólogos respecto del equipo emocional preprogramado propio de la especie humana, equipo que, en todo caso, proviene de los cerebros premamífero y mamífero todavía incluidos en nuestro cerebro. En ello, y en otros muchos temas psicológicos, sociales y antropológicos —más de los que solemos sospechar—, seguimos estando en deuda con Charles Darwin (1809-1882). Y no solo por su máxima aportación, la teoría de la evolución de las especies, hoy vuelta a combatir con encono irracional y destructivo desde poderosos «centros de poder» del mundo. También por otras aportaciones menos conocidas del gran biólogo británico, expuestas en un libro de madurez, de 1872, aparentemente modesto y poco conocido: *La expresión de las emociones en los animales y en el hombre* [32].

Para entender e investigar sobre relaciones humanas y relaciones sociales hoy resulta imprescindible partir de un concepto determinado y bien definido de *emoción* o *sistema emocional*.

En definitiva, determinadas percepciones (sobre el exterior o sobre el interior de nuestra mente) pueden poner en marcha incondicionadamente alguno de tales sistemas emocionales. La activación de ese sistema emocional corre pareja con tres tipos de fenómenos en el organismo humano, como ya había señalado Darwin: unos cambios viscerales y bioquímicos característicos, una actitud corporal y facial y una experiencia subjetiva de esa emoción (figura 1).

Figura 1. Componentes de la emoción (el pretendido mal)

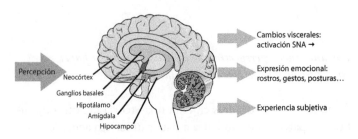

Sistemas PNEIeG con base NEUROLÓGICA

Eso significa entender la emoción, cada *emoción*, o cada *sistema emocional* [144]:

1. Como un *fenómeno organísmico,* propio del organismo como totalidad.
2. Un fenómeno preprogramado en la especie; al menos las bases para la expresión de las emociones fundamentales son heredadas dentro de la especie *sapiens sapiens.*
3. La emoción conlleva una vivencia de *urgencia, presión, empuje,* una representación mental de urgencia o presión (más o menos cognitivizada y más o menos inconsciente).
4. En la vivencia de la emoción *predomina la representación mental visceral o sensorial* («nos falta el aire», «se nos re-

tuercen las tripas», «se dispara el corazón», «los ojos se nos salen de las órbitas, etc.).

5. Porque la emoción está acompañada y fundamentada en *estados y patrones corporales y bioquímicos característicos* (en realidad, se trata de un fenómeno psico-neuro-endocrino-inmunitario del que, además, hoy se conocen repercusiones epigenéticas: PNEIeG).

6. Para cada emoción existen al menos unos desencadenantes incondicionados, unos circuitos neurológicos determinados y unos neurotransmisores facilitadores e inhibidores también característicos.

7. Las emociones poseen un *amplio margen cuantitativo,* un amplio abanico de intensidad: desde sentimientos y emociones levemente sentidas hasta afectos profundos que arrastran al conjunto de la personalidad (la *pasión* o *emoción* primitiva no modulada).

8. Conllevan una *tendencia a la acción también preprogramada* o *incondicionada* en la especie, en el sentido de Irenäus Eibl-Eibesfeldt [40] o Panksepp y Biven [94, 95].

9. Esas tendencias de la emoción se hallan dotadas de gran *persistencia* a pesar de las experiencias que podrían inhibir esos patrones de comportamiento.

10. También están dotadas de un *amplio polimorfismo* (grandes variaciones en su expresión) que precisamente es lo que hace difícil diferenciar unas emociones de otras o incluso definir la emoción.

11. Pues su manifestación externa, conductual y mental, se halla sujeta a matizaciones, modificaciones y regulaciones tanto individuales como interpersonales y culturales.

12. Y entre ellas, por la experiencia personal relacional. Por eso podemos hablar de emociones primarias y secundarias, de emociones y afectos o, más correctamente, de «*emociones*» y «*sentimientos*» (las emociones sometidas a la experiencia y las relaciones dentro de una cultura).

El conjunto emocional preprogramado en nuestra especie, desde la perspectiva de Panksepp y otros neurocientíficos de la emoción, estaría formado por los siguientes «sistemas emocionales» fundamentales (véase la tabla 3 [94,144]):[4]

1. El *SEEKING* (que nosotros hemos traducido como el sistema de la INDAGACIÓN-EXPECTATIVA-CURIOSIDAD), dedicado a la exploración activa del medio y a obtener todo tipo de recursos del medio (animal y no animal). Es un sistema que se traduce en locomoción y sensorialidad exploratorias, para investigar el mundo, a los otros, otros organismos, los objetos, incluso la mente de los otros… Es un sistema básico para la búsqueda de recursos para la supervivencia y, por tanto, para el conocimiento, las sorpresas, la investigación… Además, juega un papel especial entre los otros sistemas emocionales, pues en cierta medida es un dinamizador de todas las demás emociones. Se pone en marcha a nivel cerebral mediante el neurotransmisor dopamina y despierta todo un potente sistema computacional de generar conocimientos y creencias, incluso de recibir sorpresas que desafían el conocimiento previo. Sus activaciones hasta cierto nivel proporcionan el placer de la exploración, como puede observarse palmariamente en la atención y exploración del mundo por parte de bebés, niños, científicos y, en general, de todos los humanos. Su excesiva activación es una de las bases de lo que ha dado en llamarse «ansiedad». Sus bases neurológicas se centran en el núcleo VTA del hipocampo, el núcleo accumbens y el córtex prefrontal medial y en el SRA. Sus mediadores, como decimos, la dopamina, el glutamato, la orexina y los opiáceos endógenos. Sus inhibidores, los antide-

4. Mantengo en su descripción los componentes neurofisiológicos como simple ilustración, de forma no sistemática, pero para demostrar que en ellos se basan buena parte de las posibilidades actuales de diferenciar entre las diversas emociones y entre emociones y «sentimientos».

presivos tipo de ISRS (inhibidores selectivos de la recaptación de la serotonina) y la buprenorfina.

Si está al servicio de emociones vinculatorias, este sistema engendra un sentido de deseo acompañado por sentimientos que van desde el interés a la euforia. Por ejemplo, cuando una madre siente la necesidad de dar de comer al hijo, el sistema de búsqueda o indagación repasa las posibilidades y medios para hacerlo y pone en marcha las conductas de búsqueda y cuidado. En el caso de las emociones desvinculatorias, «negativas», el sistema de la indagación-expectativa juega también su papel como, por ejemplo, urgiendo a que un animal asustado busque seguridad.

De alguna forma, este sistema de la indagación-expectancia es el *sistema emocional* más antiguo, porque la energía psicológica positiva que genera tiende a contrapesar las emociones y cogniciones negativas, tal como ocurre durante el miedo o la agitación inicial del sistema de la «ansiedad de separación-pena-duelo».

Como es bien sabido, aparecen sentimientos depresivos cuando el sistema de la indagación está hipoactivo, como tras frustraciones repetidas o en el síndrome de abstinencia de las anfetaminas y la cocaína. Por el contrario, el sistema está sobreestimulado, generando una hipersecreción de dopamina, en las psicosis agudas, en la euforia y en los estados maníacos, y si hay ingestión de anfetaminas o cocaína. La consolidación de los núcleos narcisistas de la personalidad podría explicarse, al menos parcialmente, por la frustración reiterada del sistema de indagación en sus búsquedas de confort y consuelo en el mundo externo, por lo que no queda más remedio que redirigirlas hacia el mundo interno. Las actividades, profundamente adictivas, de la «búsqueda de sensaciones» (deportes y actividades de riesgo, vigorexia, autosensorialidad, juego patológico, etc.) pueden recibir nuevas perspectivas si las estudiamos desde el punto de vista de la hiperactivación del sistema de la *indagación-expectancia.*

2. El sistema de la IRA empuja al animal y al ser humano a impactar con su cuerpo contra los objetos amenazantes y a golpearlos o a atacarlos de diversas formas (arañar, morder, golpear…). Se le suele considerar un afecto «negativo», pero puede ser muy necesario y positivo cuando interactúa con ciertos patrones cognitivos, proporcionando experiencias de cómo defenderse, controlar, sojuzgar, dominar… Es el equivalente de lo que se ha llamado «pulsión agresiva».

Sus circuitos cerebrales fundamentales yacen en las áreas mediales de la amígdala, la *estria terminalis,* el hipotálamo medial y el PAG. Sus neurotransmisores son la testosterona, la sustancia P, la norepinefrina (NE), el glutamato, la acetilcolina, el óxido nítrico… Sus inhibidores, el GABA, el propanolol, los opioides endógenos y la oxitocina, los neurolépticos, los antidepresivos (particularmente los ISRS)…

3. El Sistema emocional del MIEDO, como ya hemos visto, genera un estado mental negativo, molesto o inquietante del que todos los mamíferos desean huir. Engendra tensión no solo mental, sino muscular. Niveles medios de «vigilancia» neurofisiológica son una excelente preparación para su ignición completa en caso de necesidad de huir.

4. El sistema emocional del DESEO (en los humanos, la PSICO-SEXUALIDAD) impulsa hacia actividades de cortejo y aproximación hacia otros cuerpos receptivos. Impulsa esos estados mentales, movimientos y aproximaciones hacia la consumación del orgasmo, una de las experiencias afectivas más intensas, dramáticas y positivas de la vida humana. En ausencia de pareja, su combinación con el sistema de la indagación puede proporcionar una tensión positiva si se prevé su realización, o un estresor negativo, si no se consigue la satisfacción. El DESEO, el *sexo* es una de las fuentes del sentimiento, mucho más cognitivizado y procesado mediante la experiencia, del *amor.* Sus bases neurológicas fun-

damentales subyacen en el hipotálamo: Núcleo VM, POA y INAH. Sus activadores, la testosterona, que activa la vasopresina. Sus inhibidores, las benzodiacepinas, los antidepresivos, los neurolépticos y el estrés.

5. Los seres humanos y los animales dominados por el sistema emocional del APEGO o de los CUIDADOS *(care)* sienten impulsos de colmar a los seres queridos, a los allegados, de cuidados, caricias y manifestaciones de ternura. Sin la acción de este sistema emocional, el cuidado de los menores podría ser tan solo una carga para los adultos. Por el contrario, cuidar y ser cuidado suele significar profundas recompensas psicobiológicas, sentimientos placenteros, relajación...

La acción de los estrógenos y la oxitocina en el hipotálamo anterior (PNV y dPOA), así como en las regiones subcorticales mediales, pone en marcha este sistema emocional. Sus neurotransmisores, por tanto, son la oxitocina y los opiáceos endógenos, mientras que los inhibidores serían los sedantes, el alcohol y las hormonas del «síndrome general de adaptación» (el «estrés»).

El sistema emocional del *apego* es otra de las fuentes del *amor.* Aunque filogenéticamente el sistema emocional del cuidar ha podido evolucionar del *deseo,* para muchos neurofisiólogos hoy suponen dos sistemas emocionales diferentes, con funciones y componentes claramente diferenciadas: desencadenantes incondicionados, centros neurológicos, neurotransmisores, inhibidores... Ello invalidaría parcialmente la idea psicoanalítica clásica de la psicosexualidad como unión de ambas tendencias y su corolario, de que todo tipo de cuidado no erótico está basado en la sublimación de la sexualidad. Desde este punto de vista, *Eros* es diferente que *care, philia y agape,* formas de *care* no necesariamente sublimatorias en su origen.

La oxitocina es una hormona crucial en la activación del sistema emocional del cuidar. Posee otras funciones, tales como disminuir el miedo en la madre y el niño, favorecer el parto, favorecer las relaciones sociales y otras muchas. También posee un papel fundamental en el reformateo cerebral que se da en todas las mujeres durante el embarazo y el posparto [64, 40, 94]. La generación de oxitocina se regula por los estrógenos: al final del embarazo hay un aumento de la oxitocina desencadenada por el aumento de los estrógenos.

6. Cuando el ser humano se halla dominado por el sistema emocional que Panksepp ha renombrado como *panic-grief,* experimenta una profunda y dolorosa experiencia psicológica de dolor, de sufrimiento y malestar que, sin embargo, no tiene una fuente corporal, somática, sino con la separación del cuidador y la ruptura del apego. Los sujetos inmaduros o jóvenes, al ser dominados por este sistema emocional, muestran la serie de reacciones mentales y conductuales clásicamente descrita por Bowlby [21]: protesta, tristeza, desesperanza y desapego. A nivel conductual, gritan, lloran, protestan y muestran intentos de reunión con sus cuidadores. Si esa reunión no se consigue, comienza a desarrollarse la desesperanza y, más tarde, el desapego, con bioquímica y posturas corporales que reflejan el derrumbe neuroquímico que va desde el pánico a la depresión. Por eso hemos preferido traducir este sistema emocional como el *sistema de la separación-pena-duelo,* para vincularlo con la larga tradición psicoanalítica y psicológica sobre las ansiedades de separación (emociones ante la separación, tendríamos que decir) y el apego alterado.

Sus bases neurológicas fundamentales son el núcleo cingulado anterior, el tálamo y el hipotálamo. Sus neurotransmisores, endorfinas, serotonina, oxitocina, y prolactina. Sus inhibidores, combinaciones diferentes de oxitocina y prolactina, la morfina y la heroína, los opiáceos (de ahí su gran vinculación con las adicciones), así como la buprenorfina, los antidepresivos (en especial los ISRS) y la psicoterapia.

Panksepp [95] llamó inicialmente «sistema emocional del pánico» a este sistema, porque cuando los animales jóvenes son abandonados, suelen experimentar formas diversas de agitación, de ansiedad extrema o *pánico*. Por ello, hipotetizó que las crisis de pánico y las crisis de ansiedad tenían que ver con la hiperactivación primaria de este sistema emocional. Pero en adultos, ese estado de «ansiedad» suele ser tan solo el inicial, y pronto da paso, salvo excepciones, a sentimientos de pena, tristeza, soledad, más que al pánico inicial de los niños pequeños. Cuando la pena se cuida, podemos sentir incluso un sentimiento de confort y seguridad, probablemente basado en la bioquímica del sistema del cuidado, que se ha activado ante la pérdida. Y más aún, si nos sentimos afectiva y efectivamente cuidados por allegados. De ahí la tendencia en el duelo de volver hacia los allegados. La experiencia emocional miles de veces repetida en cada uno de nosotros es que ellos nos proporcionarán la sedación, la tranquilidad, el confort para tanta pena.

Se trata de un sistema emocional que tiende a facilitar y mantener los lazos sociales, ya que estos alivian el dolor de las pérdidas y separaciones y los reemplazan por un sentido de comodidad y pertenencia. Cuando los humanos y los animales disfrutan de vínculos afectivos seguros despliegan una relajante sensación de contención y placer contenido. Las fluctuaciones en esos sentimientos son otras de las fuentes del *amor*. Sus disfunciones crónicas se hallan en el centro de la psicopatología: crisis de pánico, depresión, autismo, trastornos de la personalidad, relación incontinente...

7. El sistema emocional del JUEGO *(play)*, o como preferimos llamarlo del JUEGO-ALEGRÍA, se expresa en movimientos sin fin para contactar *con* y poner límites *a* los otros, a los allegados, a los próximos, movimientos en los que los participantes pueden alternar papeles. Por eso determinadas expresiones del juego y el humor pueden parecer agresiones. Ciertamente, a menudo se necesitan ciertas dosis de ira para el juego; otras veces, montos de deseo o de indagación (en especial para una experiencia básica de ese sistema emocional: la *sorpresa),* pero siempre en un

modo simulativo. Recordemos nuestra definición del juego como «comportamiento en modo simulativo» que nos ha resultado tan básica para comprender y valorar la importancia del juego tanto en el bebé como en el niño, el adolescente y el adulto y, muy particularmente, en la primera infancia y en la senectud. Nos estamos refiriendo, además, a los tres tipos de juego que ya habían sido descritos por Piaget [100]: sensoriomotriz, simbólico y «juego sujeto a reglas».

Aunque puedan darse expresiones apasionadas y agresivas durante el juego, los participantes disfrutan con él y la alegría humana está siempre vinculada al juego, a alguna forma de juego, prefigurados todas ellas por los «interminables juegos sensorio-motrices» en los que pasa sus horas el bebé humano (y nos obliga a pasarlas con él) [95]. Sus bases neurológicas son el tálamo (el núcleo parafascicular), la amígdala y los núcleos del movimiento (cerebelo, ganglios basales, sistemas vestibulares...). Sus neuro-transmisores y facilitadores son los opioides y los cannabinoides endógenos, y sus inhibidores, las benzodiacepinas, los neurolép-ticos, los antidepresivos crónicamente administrados...

Durante los juegos, los animales y los seres humanos desarro-llan papeles dominantes o dominados, pero con reversiones en los roles jugados por cada miembro, a diferencia de las rígidas utili-zaciones de la ira, el miedo y el deseo en la estructuración social de animales y humanos. El juego va acompañado casi siempre de vocalizaciones y movimiento corporales placenteros característicos (la risa) y proporciona una de las vías principales para el disfrute y la alegría social y, por tanto, para estrechar los vínculos sociales.

A ese conjunto emocional (las «emociones primigenias») habría que añadir:

8. Por un lado, las *emociones sensoriales u homeostáticas*, que cumplen las mismas características definitorias de las anteriores (asco, sed, hambre, dolor, sensaciones...).

Tabla 3. La dotación emocional ineluctable del *sapiens sapiens*

Sistemas emocionales básicos	Función	*Ineluctabilidad* de las emociones: *somos seres.*
INDAGACIÓN-*Seeking*	Búsqueda de recursos, vinculación con el mundo.	*Born to seek: nacidos para indagar.*
IRA-*Rage*	Defensa social, defensa individual. Generar energía para el ataque.	*Nacidos para atacar.*
MIEDO-*Fear*	Prepararse ante las amenazas a la integridad organísmica.	*Nacidos para temer.*
DESEO-*Lust*	Procreación (y preservación de la especie). Placer y lazos sociales. Dominancia social.	*Nacidos para amar.*
CUIDADO-CRIANZA-apego-*Care*	Preservación de la vida y de la especie.	*Nacidos para cuidar (y que nos cuiden).*
Ansiedad de separación-PENA-DUELO-*Panic*	Evitar la separación del Objeto de apego. Mantener el apego. Lograr el apoyo social.	*Nacidos para penar.*
JUEGO-alegría- *Play*	Lazos sociales. Aprendizajes. Teoría de la Mente y empatía.	*Nacidos para jugar.*
Emociones senso-riales: asco-sed-hambre- dolor-sensaciones…	Preservación metabólica del organismo.	*Nacidos para necesitar.*
Emociones del Self En realidad, sentimientos primitivos: *vergüenza, culpa, tristeza y orgullo-autoestima*	Organización de una identidad y una personalidad.	*Nacidos para diferenciarnos.*

9. Además, los así llamados *sentimientos básicos* o *emociones sociales básicas*: vergüenza, culpa, autoestima-orgullo y tristeza socializada como derivada culturalizada de la *pena* (véase la tabla 4).

Consideramos esos nueve sistemas (y en particular los siete primeros) como «sistemas emocionales» o «emociones primigenias» o «básicas» porque cumplen las características antes enunciadas de las emociones, es decir, que la activación de cada uno proporciona robustas respuestas viscerales, conductuales y mentales (afectivo-cognitivas) [32, 40, 94, 144]. La base de estas son mecanismos bioquímicos (hormonales, inmunitarios, neurotransmisores) y circuitos neurales preprogramados, en los que no podemos profundizar aquí.

Una característica común y fundamental de todos los sistemas emocionales es la que he llamado la *ineluctabilidad de cada sistema emocional*. Todos nacemos con ellos y no se pueden eliminar; ni uno de ellos ni su conjunto —al menos, si no se producen graves e irreversibles intoxicaciones o lesiones de amplias zonas cerebrales—. Nacemos con ellos y nos mueven *(e-moción)* desde nuestro nacimiento y para toda la vida. Se pueden modular mediante la crianza, la vida social, el control cognitivo, el autocontrol, pero no se pueden eliminar.

Cada vez que se pone en marcha una emoción se activa su particular síndrome general de adaptación (SGA), su asiento corporal (neuro-endocrino-inmunitario, psicológico y visceral). En consecuencia, tal vez debamos comenzar a considerar que la base de la psicopatología es más el *funcionamiento emocional o la modulación emocional* defectuosa que la supuesta aparición de la «ansiedad». Es esa modulación inadecuada del «*pack* emocional» genéticamente preprogramado en el individuo y la especie (figura 2) lo que hace que predominen demasiado las emociones «desagradables» y que eso altere el ortodesarrollo; o bien que esas vivencias «desagradables» no queden suficientemente compensadas por las «agradables»; o, simplemente, que su monto (incluso del placer o la alegría) sean excesivos: tal vez es eso lo que produce la alteración psicofisiológica a la cual hace unos años llamábamos *ansiedad*, tanto por causa de nuestra ignorancia de otras motivaciones biopsicológicas más profundas, complejas y variadas, como por un sesgo profesionalista que nos impedía hablar directamente del *miedo* o del *miedo a la separación* (que, en realidad, son las emociones que predominan en gran parte de las «ansiedades patológicas» [135, 144]).

Tabla 4. Emociones-sentimientos del *self,* de la identidad, en los que ha insistido el psicoanálisis y parte de la psicología social y la antropología

Sentimientos básicos	Posible función adaptativa
VERGÜENZA	Mantener la interiorización de las normas del grupo. Vinculación yo-otros.
CULPA	Corrección de los errores y disfuncionalismos relacionales y sociales. Mayor integración del sujeto mediante el desarrollo de perspectivas más globales/objetivas y meta-meta-representaciones.
ORGULLO/ Autoestima	Mantener la integración-autogestión del sujeto, la autoestima, reforzar la relación social con los otros (por sus evaluaciones y porque se les comunican informaciones agradables).
TRISTEZA (como sentimiento, basado en el «sistema emocional» de la pena)	Evitar la separación del Objeto de Apego y fomentar la necesidad de apoyo social. Mantener a los humanos primitivos cerca de sus allegados y su hábitat (mayor seguridad). Ayudarnos a elaborar la pérdida: valorar sus consecuencias, planificar los nuevos comienzos...

Ese sesgo profesionalista, que no técnico, tal vez nos haya impedido durante decenios diferenciar psicofisiológicamente sistemas emocionales diversos tales como los de la pena o la tristeza, la vinculación o el cuidado, la indagación, etc. La «depresión», el «estrés», el *attachment* o el «apego», etc. han ido sustituyendo términos e incluso conceptos mucho más vinculados con la experiencia cotidiana de los seres humanos.

Figura 2. Procesos *cerebromentales* primario, secundario y terciario (derivada de [94])

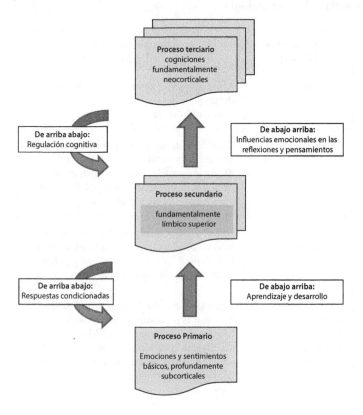

Los neurocientíficos están aprendiendo a valorar cómo los sistemas emocionales cerebrales se moldean, incluso de forma permanente, mediante las experiencias vividas por el sujeto y por cómo este las acumula en su conciencia e inconsciente, en su identidad, en su hipocampo, en las conexiones límbico-prefrontales... y en sus sistemas hormonales e inmunitarios. Hoy, además, esos cambios y esa modulación ya sabemos que llegan a determinar incluso que algunos genes se activen y otros no [44, 64, 99, 126], lo que dará lugar a patrones de vulnerabilidad o resiliencia afectiva permanente. Lo que Panksepp llama el *CerebroMente*, para insistir en el monismo, se halla fuertemente determinado no solo por la genómica o por el ambiente, sino por cambios *epigenéticos* (expresiones del genoma inducidos por el ambiente) que luego influenciarán de forma decisiva en las futuras experiencias y en cómo estas se viven.

En la amplia y continua dialéctica de nuestro cerebro y nuestra personalidad entre herencia y ambiente, trasmitido y aprendido, cogniciones y emociones, se da una dinámica que hemos querido esquematizar, siguiendo a Panksepp y Biven [94], en la figura 2. El *proceso emocional primario* se basa en la acción de las «emociones primigenias» (o «afectos emocionales»), las emociones homeostáticas y las emociones sensoriales. El *proceso emocional secundario* integra el proceso primario (fundamentalmente a través del aprendizaje por la vía de los ganglios cerebrales basales) y da lugar a los *sentimientos fundamentales* del sujeto. Funciona sobre todo mediante condicionamiento clásico (en el caso del miedo, a partir de la amígdala basal lateral y central), mediante condicionamiento operante e instrumental (en el caso de la indagación, por la vía del núcleo accumbens) y mediante los hábitos conductuales y emocionales (ampliamente inconscientes, vía *striatum* dorsal). El *proceso emocional terciario* y las funciones de alerta neocorticales son la base de los «afectos terciarios», «sentimientos secundarios» o «metasentimientos» con sus componentes ejecutivos y cognitivos (córtex frontal), de reflexiones y regulaciones de las emociones (regiones mediofrontales) y de las actitudes morales, estéticas y sociales (mediante las funciones de memoria de trabajo superiores).

Por todo lo anterior hemos venido insistiendo en estas notas en que hay al menos otros seis (o siete) *sistemas emocionales diferentes del miedo,* y que en toda situación de catástrofe, estrés o duelo, todos ellos se ponen en marcha. Todos ellos, y no solo el miedo. Por ejemplo, con la epidemia del COVID-19:

* Hemos podido observar la puesta en marcha del *miedo* y a veces el *pánico* (primero, hacia la pandemia; después, ante la pérdida del trabajo, la empresa, los hábitos de vida, los privilegios…).
* Pero también de la *ira* (de unos políticos hacia otros, de unos ciudadanos hacia los políticos o los sanitarios, y de unos ciudadanos hacia otros, como puede observarse en las redes sociales informatizadas y en las violaciones grupales airadas de las normas dictadas por el confinamiento).
* Hemos podido ver destacados destellos del *sistema emocional de la solidaridad, los cuidados y el apego* (expansión de la solidaridad, atención a la solidaridad, dedicación con riesgo de perder su salud y sus vidas, como los profesionales del cuidado sanitario y otros trabajadores públicos…).
* Podríamos ir viendo cada vez más la *pena y las ansiedades de separación* (por los muertos, por los invalidados, por lo que perdemos, por nuestros errores anteriores, por el aislamiento de los seres queridos, por los «pies de barro» y la vulnerabilidad extrema de parte de nuestro mundo).
* Pero también podremos ver (y disfrutar) de las delicias del *deseo* (al fin y al cabo, tras cada catástrofe o encerrona social no excesivamente mortífera, nueve meses después ha habido más nacimientos).

- Cada día vemos en acción el sistema emocional de la *indagación, el placer del conocimiento* (en la investigación científica, en el deseo de saber sobre la enfermedad, la epidemia y el mundo en el que se desarrolló, en la invención continua de hipótesis y teorías, en la búsqueda de conocimientos sobre cómo es China en realidad, cómo es el mundo que nos rodea…).
- E incluso hemos visto desarrollarse el sistema emocional de la *alegría y el juego* (humor con respecto a nuestra situación, utilización del humor para expandir la solidaridad como en numerosos vídeos y comunicaciones en la web, posibilidades para otras formas de juego y alegría…).

Todas esas difusiones emocionales masivas se han dado ya, y más que en otras epidemias. Además, poseemos más medios, tanto conceptuales como de comunicación, para tener en cuenta ese hecho. Por eso decíamos que ya no es útil usar términos estigmatizadores tales como «histeria de masas» y «psicosis social». Hemos de entenderlas como «difusiones emocionales masivas» (DEM), lo que hemos llamado y estudiado como DEM, un tema en el que precisamente en los países mediterráneos tenemos cierta experiencia y aportaciones renovadoras a partir de fenómenos de ese tipo vividos en Barcelona y en otras ciudades.

Usar esta otra perspectiva puede significar la posibilidad de preservar y desarrollar la salud mental incluso en una situación de crisis como la que indudablemente estamos viviendo. Por ejemplo, hemos de considerar que no es científicamente aplicable en estos casos la frase de «dejarse llevar por las emociones» a nivel social, repitiendo una y otra vez que la población «se está dejando llevar por las emociones»: será por las emociones «desvinculatorias» (miedo, ira) en vez de por las *vinculatorias*. O ni eso. El problema real es dejarse llevar por la *manipulación de las emociones*. En realidad, todos nos dejamos llevar por las emociones y más a nivel social. Las emociones son muestro primer modo de conocimiento y reacción en el mundo y, por lo tanto, hemos de usarlas en el cuidado de la salud mental de las poblaciones. Algo que intentamos tener en cuenta en nuestras recomendaciones iniciales para la crisis [59, 60, 146], que resumimos en la tabla 5.

Consecuencias: la primera, que para orientar la respuesta social a la epidemia no basta con comunicaciones, conocimientos y datos. No basta con cogniciones. No basta con atacar y criticar la «emocionalidad» (de los otros). Hemos de complementar el uso de las cogniciones, de las informaciones, conocimientos y datos con el uso de las emociones vinculatorias, solidarias: apego-cuidados (la base de la solidaridad), interés, deseo, tristeza por los errores anteriores, alegría y humor... Tal vez eso es más difícil que difundir solo datos y conocimientos, pero también es más realista, más eficaz y más basado en las perspectivas científicas actuales. Eso lo saben bien, en sentido negativo, los manipuladores habituales de la opinión pública y la publicidad en los medios de difusión. En un sentido contrario, parte de las iracundas violaciones de las normas de confinamiento se podrían evitar difundiendo con determinados cuidados la tristeza y las ansiedades de separación: por ejemplo, transmitiendo ocasionalmente la muerte por coronavirus y la desesperación de los sanitarios ante los moribundos insalvables...

Los niveles para la contención (del desequilibrio psicosocial) y su aplicación en la pandemia de la COVID-19

Para toda enfermedad y toda epidemia hay factores de riesgo, factores de vulnerabilidad y factores de protección, tanto para su componente biológico, como para el psicológico y el psicosocial.

En epidemiología se suelen llamar *factores de riesgo* a las características, variables o contingencias que, si se dan en un individuo o población, hacen que tenga mayores probabilidades que la población general de desarrollar un trastorno, enfermedad o discapacidad.

En el ámbito de la salud mental, de los «componentes psicológicos de la salud», el estudio de los factores ambientales que influyen en la génesis de las alteraciones en salud (mental) ha permitido identificar series de *estresores psicosociales* o de *experiencias relacionales adversas:* lo son porque provocan cambios relacionales, cambios inmunitarios y endocrinos y cambios somáticos (no directamente visibles pero sí objetivables con procedimientos adecuados), incluso en las estructuras cerebrales implicadas en el neurodesarrollo.

La expresión *factor de riesgo* tiene relación con la de *trauma* y de *acontecimientos vitales (life events),* pero se utiliza con mayor frecuencia en las estrategias de prevención que diseñan los equipos profesionales que trabajan en y desde la comunidad; en especial, en el ámbito de la salud pública (epidemiólogos, sanitaristas, planificadores…). En psicología y psicopatología es también útil, aunque se solapa a menudo con los conceptos de «acontecimientos vitales» *(life events)* y de experiencias adversas (EA) o «*experiencias relacionales adversas (ERA)*» [31]. La investigación ha puesto en evidencia que siempre hay conflictos, adversidades o traumas previos a la aparición de un trastorno mental grave [6-8, 31, 36, 117], no solo primigenios, en los primeros momentos del ontodesarrollo, sino también actuales o contextuales, alrededor de la cristalización y/o diagnóstico del trastorno [6-8, 36, 117]. Cada vez sabemos más acerca de determinados factores, tanto biológicos como psicosociales tempranos que, por su gravedad o por su cualidad, constituyen factores de riesgo a lo largo de diversas edades del niño y del adulto, que lo hacen vulnerable a los estresores posteriores. Es a esos factores a los que llamamos *vulnerabilidad o factores de vulnerabilidad.* De forma simplificada y en términos didácticos podríamos decir que el factor de riesgo ocurre y nos influencia; la vulnerabilidad «la llevamos puesta».

Tabla 5. Esquema elemental sobre cómo reaccionar en tiempos de turbulencia afectiva tipo pandemia y confinamiento

Información	• Manténgase informado, pero sin dejarse inundar por los mensajes, comunicados, informaciones.
	• Informe bien a los demás.
	  – Si tiene niños a su cuidado.
	  – Si tiene personas afectadas a su cargo.
	  – Si tiene personas ingresadas en una residencia.
	• Comparta información constructiva, no la sobreinformación, ni la información paranoide, ni la basada en desconfianza y críticas sistemáticas…

Cuide las necesidades básicas	• Cuídese, protéjase. • Mantenga una buena alimentación y cuidados corporales. • Descansos frecuentes y adecuados con • distracciones, diversión, relajación… • Permítase pedir ayuda.
Organización, integración	• En casa. • En el trabajo. • Rutinas, colaboración, creatividad…
Respete las diferencias	• De actitud, de formas, de reacción, culturales, ideológicas… • hay quien necesita soledad y quien necesita compañía, humor o seriedad, acción o contención…
Valoración de la solidaridad	• Reconozca y valore al equipo asistencial y a otros equipos asistenciales o comunitarios. • Estimule la solidaridad creativa.
Valoración de lo emocional	• Hay más emociones, además del miedo: apego, cuidados, alegría-humor-juego, deseo-sexo… • Permítase pedir ayuda. • Utilice la «contención emocional»: comparta emociones. • Aplique las estrategias de regulación de las «emociones excesivas» que conozca: compañía, respiración, atención plena, ejercicio físico, psicoterapia…
Valoración de lo creativo	• Recoja la parte positiva de esta situación, aproveche la ocasión. • Haga de la necesidad virtud. • *En vez de contagiar coranovirus, contagie salud, energía, creatividad*, pero también replanteamientos y tristeza cuando se merezcan.

Los *factores de protección* son los que, según los estudios clínicos y empíricos, logran que un individuo vulnerable o sometido a factores de riesgo tenga sin embargo menor probabilidad de padecer ese trastorno que la población general. Desde la perspectiva relacional preferimos hablar *de factores de contención* [11, 76, 137]: son aquellos que, a pesar de la existencia de conflictos y factores de riesgo parecen proteger al individuo de la descompensación o el trastorno. En buena medida, son los que explican su *resiliencia*. La *contención* sería esa función o capacidad para percibir y recibir las emociones y sentimientos —propias o ajenas—, incorporarlas en nuestro interior, y devolverlas (o no) a un nivel de «mentalización» o elaboración que favorezca más el desarrollo individual y social que las emociones iniciales inmodificadas [138, 144]. Una *capacidad de contención* aumentada en el individuo, en sus allegados o en su red social significa una protección importante contra el desequilibrio mental en cualesquiera de sus formas. Emocionalmente significa que se pueden captar, consciente e inconscientemente, las emociones del otro, de los demás. Significa capacidades mentalizantes y de mentalización [11, 138]: significa que, en mayor o menor medida, las experiencias del otro despiertan en nosotros emociones similares, pero que nuestra experiencia nos ha proporcionado cogniciones y vivencias como para no confundirnos con ellas ni tener que rechazarlas por excesivas. Significa entonces que esa experiencia personal nos ha dotado de engramas afectivo-cognitivos acerca de cómo esa situación puede resolverse, tolerarse, modularse... Significa, pues, la puesta en marcha en nosotros no solo de la emoción concreta desplegada por el congénere, sino de nuestros sistemas emocionales de indagación-expectancia, miedo, cuidado y, tal vez, juego. El sistema emocional del cuidar, así como nuestras experiencias afectivo-cognitivas anteriores, nuestra experiencia en esa y en otras relaciones, es posible que nos proporcionen vías de ayuda al congénere, al objeto de cuidados. Por eso este esquema de los niveles para la contención puede ponerse en relación con el esquema antropológico posterior de Duch y otros de las «estructuras de acogida» [38].

Según la investigación contemporánea, la *mentalización* (esa capacidad de representarnos en nosotros los afectos y actitudes tanto propios como del otro) es un relevante avance en el desarrollo ontogenético y filogenético. Entre otras cosas, porque supone un importantísimo factor de protección, pues multiplica las posibilidades del individuo y de la especie en la competencia intra e interespecífica [11]. La mentalización es la base de la contención y un importante factor para la resiliencia.

Cuando en la clínica se trabaja con casos graves, y más si se hace en las circunstancias habituales de nuestros países y dispositivos, con falta de medios y tiempo, un importante riesgo consiste en olvidar o no prestar suficiente atención a alguno de esos factores de riesgo; o que, por el contrario, sobre todo en las terapias con intentos «integrales», que se nos escapen o no podamos pensar en determinados «factores de protección» no directamente visibles. Es por ello que, a lo largo de los años, hemos intentado desarrollar un esquema para considerar los principales «niveles» o «campos» de factores de riesgo y protección que deberíamos tener en cuenta en «psicopatología aplicada», psicología clínica y psiquiatría. Este tipo de esquemas pueden ser incluso más útiles en los casos de epidemia, crisis social o catástrofe; es una especie de *kit* o «protocolo de posibilidades de cuidados» que hemos de tener siempre a punto para ayudar, precisamente cuando más difícil es ayudar y cuando más presiones hay para los cuidados. Un resumen esquemático de ese «kit» aparece en la tabla 6.

Recogiendo descripciones anteriores sobre los factores de contención, resiliencia y/o protección [137, 144], recordaría que «nuestro primer consuelo, medio o nivel de contención del sufrimiento mental viene proporcionado por el contacto con las «buenas experiencias» y con las «buenas personas» que en el pasado o en el presente nos ayudan o ayudaron; con lo que en psicoanálisis actual llamamos los «objetos internos benéficos o contenedores». Para numerosas personas, esas vivencias son suficientes para ayudarlas a sobrellevar muchas de las situaciones de sufrimiento mental provocadas por las circunstancias externas. Eso explica cómo, incluso en circunstancias tan extremas como la de los campos de concentración, o situaciones catastróficas de otra índole (como la pandemia de la COVID-19), unas personas se dejan llevar por la inhibición, el anonadamiento, la depresión y otras por la práctica de la solidaridad, expresión máxima del cuidado, el apego y el placer del altruismo [138].

Tabla 6. Un esquema de los niveles para la contención en el desarrollo humano (tomado de [138, 139, 144])

Niveles y Factores de contención y resiliencia (para disminuir la posibilidad de desequilibrio psicosocial y/o trastorno mental)
1. **Integración y coherencia del** MUNDO INTERNO, **de la experiencia vital acumulada,** en particular con los «objetos internos nucleares».
2. **Capacidades del Yo** (de modular las propias emociones, sentimientos, defensas y habilidades sociales y cognitivas, por un lado, y de manejarse en las instituciones y relaciones sociales y culturales, por otro).
3. **Funcionamiento del cuerpo y** *Self* **corporal** (uso calmante y contenedor o descontenedor del cuerpo y de su representación mental).
4. **Familia y representación mental de la familia.**
5. **Redes «profanas»:** amigos, grupos, pandillas, centros…
6. **Trabajo-escuela** en tanto que instituciones sociales para la contención y uso defensivo.
7. **Redes profesionalizadas especializadas:** red escolar, red sanitaria, red de salud mental, red de servicios sociales…

Se trata de un primer nivel de contención, en el cual esa función emocional de protección viene proporcionada por el contacto mental, más o menos entrañable y emocionado, con nuestra representación inconsciente-consciente de la madre, el padre, la vinculación entre ellos y con nosotros (la «triangulación originaria»), con nuestra idea de nosotros mismos, con nuestra conciencia moral, etc. En resumen, gracias al contacto, en gran medida inconsciente, con nuestros *objetos internos* fundamentales. De ahí que, en buena medida, la resolución de algunos duelos o su consolidación como duelos patológicos [138], así como nuestras reacciones a la frustración, la separación, el aislamiento o la epidemia dependa del contacto con los «objetos internos» y las imágenes del *self* de la persona en duelo.

Pero también se introyectan las capacidades de *handling*, de manejarse y manejar la realidad externa e interna que unos padres «suficientemente buenos» y unos cuidadores «suficientemente buenos» muestran desde el embarazo y primeros momentos de vida del neonato [12, 84, 140, 156]. Por eso suelo decir que el segundo nivel de contención viene proporcionado por el yo, por las *capacidades yoicas*. El yo hay que entenderlo aquí como el subsistema mental o el conjunto de funcionalidades que procura la integración mental, la integración psicosomática y la integración psicosocial y, desde ellas, la *identidad*, el sí mismo como objeto interno *(self)*. Designamos con el término «Yo» o «capacidades yoicas» al subsistema del sistema mental encargado de la relación con nuestros impulsos y pulsiones, con nuestras emociones incluso más profundas, y encargado, además, de las relaciones con el medio (percepción, juicio de realidad, organización de la conducta, *insight* o capacidad de captación de nuestros conflictos internos, mecanismos de defensa, etc.). Nuestro intelecto y nuestras emociones, pero también nuestros recursos sociales y culturales, manifiestan nuestras capacidades yoicas y pueden permitirnos lidiar con la tendencia a la descompensación emocional y/o el trastorno mental.

En este ámbito, el *cuerpo* ha de ser entendido en tanto que el asiento y base para toda nuestra realidad mental, pero también como espacio transicional entre el espacio mental y el no mental, entre lo propio y lo no propio, entre el *self* y los otros. De ahí que, por ejemplo, tanto para el desarrollo individual como para la contención sea básico el cultivo y desarrollo corporal, los cuidados del cuerpo a través de ciertas actividades psicomotrices, actividades lúdicas de diversos niveles, deportivas, gastronómicas, cuidados de salud, etc. En realidad, hemos de recordar que no se desarrollará una integración personal si predominan excesivas frustraciones, lesiones o conflictos tempranos en este tercer ámbito. Frustraciones o conflictos que pueden darse no solo a nivel del cuerpo real, externo o transicional (que puede estar afectado por enfermedades o discapacidades), sino también en el cuerpo como objeto interno, o *self corporal:* nuestra vivencia del cuerpo, que es lo que explica la «ansiedad somatizada», las «emociones somatizadas», las «somatizaciones», la hipocondría, las conversiones y toda una serie de manifestaciones de urgencia o malestar físico o corporal que se dan en cualquier emergencia o crisis social, máxime si es larga y va acompañada de aislamiento, de falta de otras figuras y relaciones contenedoras.

Después, a un cuarto nivel, la contención ante el sufrimiento mental, la evitación del desequilibrio, puede venirnos proporcionada por la relación con nuestros íntimos y, particularmente, con la *familia y allegados*. Ese contacto proporciona posibilidades de expresión y, por lo tanto, de refuerzo de la estabilidad a través de la revalorización de la autoestima facilitada por esas relaciones afectivas, pero también porque hace revivir la solidaridad y la ternura, da posibilidades de catarsis y descarga, revitaliza la intimidad frente al aislamiento en el sentido de Erikson [41]... Y todo eso, en buena medida, en acción y reacción con nuestras representaciones internas que nos vinculan para siempre con «la otra familia», la familia de procedencia y origen. Como es bien sabido, para los niños este nivel para la contención es durante años el principal, por encima incluso de los niveles intrapersonales para la contención.

Pero si la familia no basta, cosa que en nuestras sociedades sucede muy pronto en la vida de las personas, se precisan otros niveles o medios. Un quinto nivel para la contención viene proporcionado por lo que en otros lugares [138, 144] he llamado las *redes profanas o no profesionalizadas de asistencia,* la *red social «carnal»*:[5] amigos, conocidos, convecinos, grupos espontáneos, grupos vivenciales naturales de la población, asociaciones no profesionalizadas, etc. La función asistencial de estas redes no está basada primordialmente, al contrario de lo que se suele pensar, en su virtud de proporcionar informaciones y compañías, sino en otra de sus funciones mucho más fina, delicada, inconsciente: su capacidad de proporcionar *contención* (emocional). Y una característica crucial de la capacidad contenedora de estas redes es que en algunas edades como la adolescencia, o incluso la tercera edad, su importancia a menudo es mayor que la de la familia, penetrando y vivificando (o debilitando) sus posibilidades.

Algo similar ocurre en ciertas ocasiones con el nivel sexto para la contención, que centramos en el *trabajo y las relaciones laborales,* pero que abarca asimismo a las relaciones de trabajo que se establecen en las instituciones de formación y, en nuestro mundo, también al trabajo de los niños en las *instituciones escolares.* De hecho, en el mundo tecnológico actual, la pérdida del trabajo, la situación de paro obligado, supone un conjunto de duelos primarios y secundarios de muy difícil elaboración, con repercusiones sociales e incluso psicosomáticas [138, 140, 144]. En sentido inverso, no hay mejor «medicamento» para muchos de los trastornos mentales más graves (por ejemplo, las psicosis) que la inmersión del paciente en una actividad laboral

---

5. La *red social «carnal»* es un término que uso humorísticamente para llamar la atención acerca de un hecho repetido en la comunicación social: lo que a menudo se llama *red social* es solo la *red social informatizada,* una parte de la red social. Sin embargo, el primer y fundamental componente de la «red social», si no nos ciega la sinécdoque simplificadora, es la «red social carnal».

protegida, en unas relaciones laborales creativas y adecuadas a sus capacidades [137, 139]. Es fácil colegir por tanto lo que para muchas personas supone hoy haber perdido las rutinas y otros elementos contenedores de las relaciones laborales y escolares o del trabajo con ocasión de la situación de emergencia social creada por la pandemia del coronavirus.

Si esos seis niveles para la contención fracasan o son insuficientes es cuando, en nuestras sociedades tecnológicas, WEIRD, el individuo o los grupos familiares o microsociales pueden y suelen utilizar para la contención un séptimo nivel, el de las *redes profesionalizadas* hoy desarrolladas para nuestras organizaciones sociales: principalmente las redes o instituciones psicopedagógicas, sanitarias, de salud mental y los servicios sociales.

Los servicios sanitarios y los servicios de salud mental coincidirían, en esta perspectiva, en la necesidad de aumentar las capacidades de contención —y, por tanto, de autocuidado—. Y para ello desarrollan o deberían desarrollar las actividades que ya hace decenios la OMS definió como *prevención primaria, secundaria y terciaria.* Unos lo harían o deberían hacerlo concentrando sus esfuerzos en el nivel 3 (véase la clasificación de los niveles en la tabla 6). Los otros, los de salud mental, en el 1, en el 2 o en los tres últimos niveles, según la orientación teórica y técnica del servicio concreto. Los servicios de salud mental intentarán, concretamente, aumentar las capacidades de contención —personal y microsocial— a partir de una acción sobre los niveles 1, 2, 4, 5 y 6, por este orden de importancia. Los servicios sanitarios, alternativamente, utilizan o deberían utilizar los niveles 3, 4, 7 y 5, tal vez con este orden de prelación: lo corporal, la familia y lo social son de fundamental importancia para el aumento de la contención y del bienestar (corporal). Pero gran parte de tales servicios resultan desorganizados o se tornan inoperantes al menos durante un tiempo en el caso de una epidemia o pandemia grave, o en el caso de graves crisis sociales, como ha sucedido durante esta pandemia. De ahí la importancia de que previamente hayan desarrollado labores de prevención primaria y secundaria, como exponíamos en la primera edición de este libro [146]. Solo que en los momentos actuales, tal como hemos visto en una y otra perspectiva, la pandemia y la crisis inciden sobre una situación de empobrecimiento crónico y sostenido de esos servicios y de sus actitudes ante los cuidados: tanto los recortes como los componentes teórico-técnicos y culturales de la «burbuja sanitaria» han disminuido claramente sus capacidades de contención.

Pasando al ámbito terapéutico, de «prevención secundaria y terciaria», hoy está claro que existen ayudas profesionales especializadas para todos y cada uno de los niveles enumerados, aunque el principio de la «mínima profesionalización necesaria» implica intentar poner en marcha los «sistemas profanos», comunitarios, antes que los sistemas profesionalizados de asistencia [144]. Es fácil colegir, por ejemplo, que la psicoterapia es un medio técnico para revitalizar el nivel 1 de contención. En particular, algunas psicoterapias psicoanalíticas, humanísticas, orientalistas e incluso derivadas del cognitivismo que tenga en cuenta las emociones servirán a ese propósito.

Las psicoterapias de apoyo, las técnicas cognitivo-conductuales y numerosos sistemas psicosociales intentan reforzar el nivel 2, las capacidades yoicas, tanto como la psicoeducación y, en general, la cultura y la dedicación cultural en el sentido amplio. Las técnicas corporales de todo tipo, desde el ejercicio físico programado hasta las técnicas deportivas, psicomotrices, gimnásticas, diversos tipos de entrenamiento, etc. mejoran tanto las capacidades corporales como el *self corporal*. Pero también hay técnicas basadas en el cuerpo, como el yoga o diversos sistemas de entrenamiento y/o mentalización orientalistas directamente dirigidos a mejorar el *self* corporal, la vivencia del cuerpo, ámbito para el que son además de fundamental importancia numerosas técnicas artísticas y con mediadores terapéuticos [25], tales como la musicoterapia.

Evidentemente, las técnicas familiares, la terapia familiar y de pareja, las técnicas sistémicas y las técnicas grupales dirigidas a familias o conjuntos de familias (grupos multifamiliares) sirven para reafirmar y potenciar las capacidades de contención del nivel 4, como numerosos sistemas sociales y psicosociales se dedican a reforzar el nivel de las redes profanas y son, por ello, directamente terapéuticos (no solo «auxiliares»). Como lo es el trabajo o la escolaridad adecuadamente reguladas y programadas, dos de los «sistemas terapéuticos» más potentes y completos que poseemos, en especial en el caso de los trastornos mentales graves.

En situaciones de crisis (personal, familiar, microsocial, social) un momento clave para los cuidados es la decisión de qué *niveles para la contención* poner en marcha. Tal decisión debe ser regida por criterios de eficacia, eficiencia, seguridad, oportunidad, etc. [144], pero también por lo que he llamado el «principio de la mínima profesionalización necesaria». Parecía un principio teórico o ideológico, pero la crisis de la pandemia lo ha hecho tan patente que ahora todo el mundo tiene claro que mejor no consultar en urgencias y hospitales si no es estrictamente necesario; o que hay situaciones en las cuales los esfuerzos profesionales y sanitarios han de concentrarse en las vidas, calidad de vida y *años de vida* salvables, una dura decisión de la que hace unos meses casi no se podía ni hablar.

6. Reflexiones para replantearse las medidas y cuidados en epidemias y pandemias

Ante las graves incertidumbres planteadas por esta pandemia (en particular, ante el desconocimiento de las características epidemiológicas de la COVID-19 y de terapéuticas eficaces) las medidas que se han aplicado pueden recibir al menos dos calificativos: inespecíficas y antiguas (que no anticuadas). A pesar de las creencias irracionales de la medicalización omniprotectora, como consecuencia de la aplicación de dichas medidas se han desarrollado y podido documentar actitudes de gran parte de la población que ha aceptado dichas medidas, pero también de negación (incluso negacionistas), de ira, actitudes paranoides de oposición abierta (de base política o psicopatológica) e incluso momentos de desbordamiento eufórico... [60, 107, 123].

Como hemos recordado, la crisis ha puesto de manifiesto otra serie de «virus»(psicosociales y sociales) en nuestras sociedades, supuestamente democráticas y opulentas. Sobre algunos de ellos tenemos más datos comprobables, verificados, que sobre otros. Comencemos pues desgranando algunas reflexiones sobre los más estudiados: los componentes sanitarios de la crisis.

1) Este tipo de crisis, y otras de base no biológica, van a seguir dándose en nuestras sociedades. Entre otros motivos, por

el estrechamiento de los nichos ecológicos de nuestra especie y los que estamos imponiendo a otras especies [60, 107, 123]. Estar preparados para afrontarlas no es cuestión de heroísmo y solidaridad puntual, sino de medidas y organización sanitaria adecuadas, presididas por actividades preventivas y de salud pública, con formación y financiación adecuadas, y con una inclusión de los conocimientos psicosociales en la atención sociosanitaria y en las políticas sociales [78, 107]. Esos conocimientos psicosociales se aplican diariamente en la publicidad, en el márquetin, en la propaganda política, en el manejo de conciencias y creencias *desde dentro*, que es a lo que algunos hemos llamado *psicopolítica* [144]. Hora es ya de utilizarlas en prevención primaria, secundaria y terciaria de la salud. No se puede entregar la organización sanitaria al *dios mercado*, ni en situaciones de crisis ni en situaciones de bonanza.

2) En todo tipo de crisis con componentes sanitarios, los equipamientos de atención primaria son un punto crucial: en el proceso de recepción abierta y detección de casos, en el seguimiento de pacientes y en la coordinación interservicios e interpersonales (con los pacientes, con sus familiares, con los servicios comunitarios, con las redes sociales...). Practicar lo contrario significa no solo ignorancia sanitaria, ir contra las evidencias científicas, sino también desprecio por la ciudadanía y los servicios sanitarios, y una muestra más de cómo la ideología privatizadora puede resultar un atentado directo tanto para la población como para los profesionales [60, 75, 104, 107, 123]. Mucho más cuando esta pandemia, como todas las anteriores, no es «una guadaña igualitaria»: afecta de forma mucho más grave a las poblaciones de clase trabajadora y marginal [60, 107, 123].

3) Una atención primaria a la salud bien dotada, formada y reconocida, es el sistema más eficaz, no solo para evitar el colapso de los hospitales, cuyo objetivo es asistir a los casos más graves y a los pacientes más vulnerables. Es también básica para mantener un mínimo de equidad social y sanitaria en momentos de crisis.

Formación psicosocial y capacidades de TIC para sus equipos son pues elementos centrales para que puedan abordar estas crisis u otras de cualquier tipo, pero con repercusiones sanitarias [59, 60].

4) La investigación científica sobre el impacto en la salud mental de las epidemias y pandemias no ha hecho sino comenzar. Aún más escasa es la investigación acerca de los resultados de la combinación de una pandemia con un aislamiento social intensivo y generalizado en sociedades tecnológicamente desarrolladas y con confluencias poblacionales masivas [60, 107, 102, 123, 157]. Por ello es importante que tanto la investigación en marcha como las recomendaciones que se ofrezcan estén basadas en conocimientos psicológicos y psicosociales más actualizados, de los que sí disponemos. Ya que las medidas son viejas (pero eficaces), que al menos se acompañen de conocimientos psicosociales actualizados [60]. En las tablas 7 y 8, pueden revisarse sendos resúmenes de lo recogido por la investigación científica sobre salud mental en situaciones de crisis y en la pandemia de la COVID-19 en concreto, tomados de trabajos anteriores [24, 59, 60, 67, 79, 103].

Se supone que el impacto psicológico de la combinación pandemia-confinamiento será amplio y duradero, aunque la mayoría de los estudios realizados se han centrado en poblaciones reducidas y confinamientos menores. En dos trabajos anteriores hemos contribuido a la sistematización de la (escasa) investigación existente [59, 60], hoy ya al alcance del lector en numerosos recursos [por ejemplo, 59, 60, 102, 107, 157-159]. Resulta evidente que, como acabamos de recordar, tampoco esta pandemia ha sido «socialmente igualitaria»: numerosos datos prueban que ha afectado más a los grupos empobrecidos (social y emocionalmente) de nuestras sociedades y al precariado [60, 75, 102, 104, 150, 157]. Las clases trabajadoras de urbes superpobladas y los grupos y países marginados o semimarginados y *sumergidos* son los que están pagando la mayor parte de las consecuencias de la crisis, tanto emocionales y socioeconómicas, como en cuanto a morbilidad y mortalidad [53, 60, 75, 104].

Tabla 7. Factores de vulnerabilidad hacia los problemas psicológicos y psicosociales en los diferentes grupos poblacionales ante situaciones de crisis [59, 60]

Condiciones que influyen en la vulnerabilidad	Factores de riesgo
Edad y sexo	• Niños, adolescentes • Mujeres y ancianos
Etnia	• Población inmigrante • Grupos minoritarios
Antecedentes de enfermedades físicas y/o psíquicas	• Personas discapacitadas • Pacientes psiquiátricos de larga evolución y trastornos mentales anteriores • Enfermedades crónicas
Condiciones económicas y sociales	• Pobreza, empleo precario • Condiciones de vida desfavorables • Marginación social • Residentes ilegales • Ausencia de redes sociales de apoyo • Viviendas sin condiciones de higiene y/o habitabilidad
Antecedentes de eventos traumáticos	• Víctimas de la violencia en sus diferentes formas • Poblaciones afectadas frecuentemente por desastres naturales
Condiciones de trabajo en situaciones de epidemias y catástrofes naturales	• Miembros de los equipos sanitarios, institucionales y comunitarios de respuesta
Institucionalización	• Residencias de mayores, centros residenciales para la infancia y la adolescencia, cárceles, pisos protegidos, albergues y centros de internamiento para inmigrantes y «sin techo», pisos y centros de ONG • Duración del confinamiento

Investigados en la pandemia en China	• Sexo femenino, ancianos, estudiantes • Autopercepción de mal estado de salud • Presencia de síntomas físicos • Preocupación por los familiares • Dificultades con la información • Frustración y aburrimiento • Temores a padecer la infección • Suministros insuficientes • Pérdidas económicolaborales • Estigma social de «recluido» • Sentimiento de privación de libertad • Inexistencia o no utilización del factor protector del sentimiento de solidaridad y apoyo mutuo

Tabla 8. Posibles reacciones en situaciones de presión emocional intensa como durante la pandemia de la COVID-19 [59, 60, 63]

Emociones, sentimientos	• Emociones primigenias: Miedo, ira, tristeza, deseo, apego-cuidados, ansiedades de separación… • Impotencia • Frustración • Culpa • Irritabilidad • Anestesia o hipoestesia emocional
Conductuales	• Hiperactividad • Aislamiento • Evitación de situaciones, de personas o de conflictos • Verborrea, incontinencia • Llanto incontrolado • Dificultad para el autocuidado y descansar • Dificultad para desconectar del trabajo
Cognitivas	• Confusión o pensamientos contradictorios • Dificultades de concentración, para pensar de forma clara o para tomar decisiones • Dificultades de memoria

Cognitivas	• Pensamientos obsesivos y dudas • Pesadillas • Imágenes intrusivas • Fatiga por identificación con los esfuerzos de los demás • Negación • Sensación de irrealidad
Físicas	• Dificultades respiratorias: presión en el pecho, hiperventilación • Sudoración excesiva • Temblores • Cefaleas • Mareos • Molestias gastrointestinales • Contracturas musculares • Taquicardias • Parestesias • Agotamiento físico • Insomnio • Alteraciones del apetito
Trastornos psiquiátricos	• Trastornos por ansiedad excesiva • Depresión • Duelos patológicos • TEPT (Trastorno por Estrés Postraumático) • Abusos de sustancias y Adicciones • Trastornos «psicosomáticos», somatomorfos e hipocondríacos

Hasta aquí algunas reflexiones basadas en datos ya investigados y probablemente generalizables. Pero nuestra escasez de datos objetivables y verificados y de resultados de investigaciones sobre las repercusiones en la salud emocional y la psicopatología no debe impedir, sino estimular que avancemos reflexiones e hipótesis sobre lo poco que conocemos.

En primer lugar, recordando las experiencias de la investigación acerca de las *histerias de masas* o, como preferimos llamarlas, los episodios de *difusión emocional masiva* (DEM), somatoforme o no, nos encontramos con que se suelen tener en cuenta las emociones, su comunicación y difusión tan solo después de que *no* se encuentre alguna explicación orgánica, con lo que disminuyen enormemente las posibilidades de profundizar los cuidados y la investigación. Y ello a pesar de que, según nuestra experiencia, cada vez que un servicio de epidemiología o de medicina laboral bien formado observa con atención esos «brotes», aparecen siempre anomalías y discordancias biológicas, epidemiológicas y estadísticas bien notables, que debieran hacer replantearse el tema de entrada [10, 141, 146, 147, 150]. En el caso de los servicios de epidemiología del Ayuntamiento de Barcelona, con los cuales hemos colaborado a lo largo de decenios en el diagnóstico y tratamiento de varios episodios o brotes, hemos podido observar la realidad contraria: los servicios públicos adecuadamente sensibilizados y reciclados son cada vez más precoces y certeros en ese difícil diagnóstico para el cual nadie los ha formado —e incluso para el que han recibido, a lo largo de su carrera, innumerables influencias *deformadoras*— [141].

En consecuencia, tanto por los sufrimientos y la «alarma y emergencia social» que estos fenómenos han ocasionado como por sus costes económicos, psicológicos y sociales, creemos que requerirían de un tipo de estudio y de actitudes sanitarias y comunitarias más cuidadosos. Sin menospreciar sus enseñanzas con el argumento de que tales efectos han sido de una magnitud enormemente diferente de lo que produce una pandemia como la COVID-19 o una crisis social generalizada. Llevamos años defendiendo para esos episodios de DEM un enfoque técnico diferente: le llamamos *encartar lo psicológico* [141, 144, 147], es decir, incluir la posibilidad de las DEM y las medidas para cuidarlas desde los momentos iniciales de cualquier brote o epidemia, en especial de aquellos que afectan a los niños y adolescentes, o a poblaciones marginalizadas o sometidas a fuertes impactos emocionales; desde luego, en aquellas crisis generalizadas, epidemias, pandemias y emergencias sociales como la C-19. Pero esa perspectiva está dificultada por problemas prácticos, por problemas teóricos (de la formación de los médicos, los políticos, los periodistas y de otros profesionales en nuestros días, tan enormemente sesgada y orientada hacia el biologismo y el pragmatismo), y por problemas culturales (biologismo, medicalización, «burbuja sanitaria» y «burbuja psicosocial»).

En la primera edición de este volumen [146] pueden consultarse medidas o procedimientos de atención que llegamos a sintetizar después de nuestra participación en varios episodios de DEM. Incluso a falta de perspectivas más generales, de salud pública y/o de tipo político general, gran parte de ellas podrían orientar nuestros cuidados a la salud mental en el caso de la pandemia, como apuntábamos en la tabla 2.

En definitiva, sabemos que toda epidemia y toda pandemia incluye componentes biológicos (que son los que la delimitan), pero también componentes psicológicos y sociales. No puede seguir sucediendo que los componentes psicológicos utilizados en sus cuidados sean solo los del *sentido común,* los apoyados en conocimientos psicológicos anticuados y sectarios, los apoyados directamente en la psiquiatría biocomercial [141,144,147], o los de la *psicopolítica del poder* [140]. Como ejemplo: también en esta crisis social se ha apelado una y otra vez a tomar medidas *racionales* y *razonables.* Pero, cuando se piden estrategias *racionales*, en vez de pensar en que se trata de estrategias «basadas en las pruebas o en hipótesis científicas», se está pensando en «basadas en la razón, en la cognición, en las informaciones», una perspectiva del ser humano enormemente parcial y poco científica (y más del ser humano en epidemia y aislado).

Otras aproximaciones [60,141,144,147] propugnan que sería mucho más eficaz y eficiente enfocar esas situaciones y los cuidados de estas actualizando nuestros conocimientos psicológicos al menos en cuatro aspectos:

1) Con una perspectiva actualizada de las emociones, el componente humano más contagiable, mucho más contagiable que cualquier virus.
2) Con una perspectiva actualizada de los procesos psicológicos y psicosociales ante la frustración y las pérdidas, y ante los procesos de duelo por dichas pérdidas.
3) Por tanto, con estrategias de comunicación muy diferentes de las comúnmente utilizadas.
4) Y con un estudio previo de los «niveles para la contención» o conjunto de sistemas psicosociales que ayuden a la contención emocional de las crisis, más que a su descontención y a DEM improductivas para la salud de la población (entendida en tanto que salud total y entendida en tanto que salud de la colectividad).

A pesar del miedo espontáneo y el infundido inadecuadamente por los medios de comunicación, la crisis de la COVID-19 ha puesto de manifiesto que la sociedad, aunque la percibe como una amenaza real, infundidora de miedo, se siente reconfortada (cuidada) con la labor que han ejercido cada día una parte de sus conciudadanos: aquellos que garantizan los servicios esenciales de la sociedad. En ese sentido, la dedicación con la que lo hacen y el bienestar que nos producen son una expresión directa de la emoción de los cuidados, del apego (la base para el sentimiento de solidaridad). Hemos de saber utilizarla para modular otras emociones básicas, tales como el miedo, la ira y la tristeza por lo perdido, la indagación… Hemos de saber cómo y cuándo modularla con el juego, la alegría y el sentido del humor como formas de compensar la dura realidad cotidiana.

Las tablas 9, 10 y 11 muestran los primeros intentos de aplicar esas ideas en dos ámbitos concretos: el día a día durante la pandemia y el confinamiento (tabla 9) y en los centros de salud y el personal de salud (tablas 10 y 11). Hoy tenemos datos y conocimientos para utilizar a nivel masivo, a nivel social, esos cuidados.

El mayor inconveniente para hacerlo radica precisamente en la apropiación indebida y sectaria de estos para negocios cortoplacistas y especulativos, incluso en plena crisis social, en vez de para actividades del bien común. Como ya hemos repetido, el que la web, los medios audiovisuales y, en general, las TIC no se hayan volcado masivamente en ayudas para continuar con el cuidado de los hijos y la continuidad de su educación, es una muestra palmaria de lo difícil que resulta en nuestro modelo social ese uso solidario y colectivo de los medios de comunicación colectivos.

La tabla 12 muestra una segunda vía, apoyada en los conocimientos científicos (neurocientíficos y psicológicos) que acabamos de resumir, para desarrollar un esquema de los cuidados y medidas que se deben aplicar en una situación de pandemia o de emergencia social. Como podemos observar, se utiliza en ella el cuadro de las emociones básicas para desarrollar un esquema de los cuidados.

Versiones más directas y elementales de estas recomendaciones han sido las desarrolladas, por ejemplo, por el Colegio Oficial de Psicólogos de Cataluña [28], por la Sociedad Española de Psiquiatría [121] y por la AEN (Asociación Española de Neuropsiquiatría [1]. Son accesibles directamente desde la red con los hipervínculos mostrados en la bibliografía.

Hemos preferido incluir esos esquemas anteriores, aunque ya sabemos que, al menos parcialmente, son redundantes entre sí, repiten elementos. Pero su misma parcialidad y redundancia nos remite a algo que hoy por hoy no podemos menospreciar ni en esta pandemia ni en otras crisis sociales: la incertidumbre y el estado de difusión emocional masiva en las que siempre nos han sumido como especie (y es de esperar que nos sigan sumiendo). Nuestra intención pragmática es que cada cual pueda escoger aquel esquema o serie que más le interese o que le resulte más sencillo de recordar, aplicar o recomendar.

Tabla 9. Comportamientos y actitudes PARA EL DÍA A DÍA aconsejables ante la crisis psicosocial provocada por la pandemia de la COVID-19 y las medidas de emergencia subsiguientes [tomada de 59]

Lo que no hay que hacer	Lo que hay que hacer
Aislarse personalmente: el *yo-ismo* (narcisismo, egoísmo…).	• Estimule la solidaridad y la responsabilidad solidaria, como grupo. • Es un buen momento para reflexionar acerca de lo importante que es formar parte de un grupo, red social, familia, otras identidades… • En cuanto acabe la crisis, o incluso antes, reflexione sobre cómo mejorar esas vinculaciones.
Mi familia y mi hogar son mi fortaleza inexpugnable.	• De poco valen si no están protegidas por una sanidad y unos servicios de producción, distribución y consumo que sean sociales, solidarios y que deben estar regulados. • Trabaje en su desarrollo y regulación. • Por ejemplo, ahora se desarrollará más y más el «teletrabajo», que puede significar mayor autonomía de gestión y pensamiento.
Llamar a los teléfonos facilitados para la emergencia sanitaria a la menor molestia o síntoma.	• Cuide a sus cuidadores. • No haga consultas no urgentes; no haga consultas innecesarias.
Por miedo o por timidez, no dar suficiente importancia a sus molestias o a sus síntomas.	• Hay listas públicas y fácilmente accesibles de los síntomas fundamentales de esta epidemia, tanto en la red informatizada, como en los diarios y en los centros de salud… • Léalas y apréndalas. • Y si tiene dudas, busque entre su familia y allegados quien le puede ayudar (por teléfono o a distancia).
Hundirse en la tristeza y/o la frustración.	• Desde el punto de vista psicológico, toda crisis es una oportunidad. Sepamos buscar sus ventajas. • Hay otras emociones además del miedo y la tristeza o la pena.

Abandonarse en el día a día.	• Haga un horario diario y semanal y cúmplalo. Incluya momentos:
	  – De comunicación con la familia.
	  – De comunicación a través de las «redes sociales informatizadas».
	  – Para ver películas y vídeos de risa (y de otro tipo).
	  – Para juegos de mesa

Abandonarse en el día a día.	– Deporte.
	– Actividades de aire libre y naturaleza si la situación lo permite.
	– Al menos cada 2-6 horas, haga ejercicios físicos según un programa (y hay muchos en la red).
	• Arréglese y vístase cada día, no se abandone en esos aspectos.
	• Es un buen momento para acercarse a películas, juegos, libros y documentos audiovisuales que estimulen la solidaridad: un buen momento para volver a ver *Human, The africans* o filmes similares.
«Consolarse» con el alcohol, «maría», otras drogas, psicofármacos…	• Mal momento para hacerlo. Hay graves peligros de intoxicación o adicción.
Creer que sabe más que los expertos.	• Conocer y seguir las recomendaciones sanitarias de expertos que han dedicado miles o millones de horas al tema.
Desconfiar de todos los expertos y políticos por fantasías más o menos «conspiranoicas».	• Cuidar a nuestros mayores.
	• Cuidar al personal sanitario.
	• Cuidar un tesoro europeo y nacional: una sanidad pública eficiente.
Ponerse sistemáticamente en posición crítica de gobiernos y expertos.	• Cuidar a nuestros políticos: que no sean atacados innecesariamente y que no desbarren. Al fin y al cabo, los necesitamos: son los cuidadores de la «cosa pública».
Colaborar con el sensacionalismo, el catastrofismo y los medios de difusión de ese tipo.	• Bloquee en sus dispositivos a los medios sensacionalistas y catastrofistas y hágalo saber a sus contactos.
	• No critique por la red a mentirosos, manipuladores, conspiranoicos, negacionistas… Es darles propaganda gratuita.
Difundir noticias catastrofistas.	• Transmitir informaciones útiles y contrastadas.
	• Cada noticia impactante que parece que solo la conocen los «enterados», contrástela con un experto o con las múltiples webs para el control de bulos.
	• Y si no lo encuentra, es que usted no es una persona experta ni conoce expertos: señal de más para no difundirla.
Aislarse de la comunicación o fiarse solo de las televisiones y diarios «oficiales».	• Aprovechar para aprender el uso de las plataformas audiovisuales informatizadas y mejorar sus capacidades de comunicación por esas vías. Ahora tiene tiempo.
Consumir y acaparar.	• Aprovechar para bajar el ritmo de vida y el consumo.
	• Buen momento para recordar que un tercio de los niños españoles están mal alimentados, que el 13 % pasa hambre, que hay miles de personas durmiendo en las calles y centenares de miles con dificultades de vivienda y de graves alteraciones relacionales en el hogar, millones de personas con un trabajo precario…

Consumir y acaparar.	• ¡Qué importantes son los servicios sociales en un estado solidario! Colabore en la reflexión sobre el tema. • ¿Cómo puedo ayudar a que sigan funcionando?
Si nos toca cuidar a los hijos, dejarlos con cualquiera o hacer «chapuzas organizativas» con ellos.	• Buen momento para «enterarnos de los hijos y conocerlos». • A menudo dejamos demasiadas cosas al «cole», a tutores y actividades extraescolares, de deportes, juegos y verano, a profesores… ¡Lo que nos estamos perdiendo! • Se puede aprovechar para ver cómo «montar el mundo de una manera mejor». • Enterémonos de lo importantes que son los abuelos y la «abuelez»: para las tres generaciones.
Acostumbrarnos a las distancias sociales y afectivas ante el hábito de la distancia física…	• Ahora que nos frustra no besar, abrazar, acariciar, ser besados, abrazados, acariciados, valoremos lo que eso significa. • Somos pueblos mediterráneos y, junto con los sudamericanos, africanos y algunos otros, tenemos esa ventaja: no hay que perderla en el futuro. • Además, distancia física no es igual a distancia afectiva: aunque por un tiempo tengamos que practicar la distancia física podemos hacerlo con un aumento de la conectividad emocional y social… *«É importante mantermos a distancia dos corpos e a proximidades dos coraçoes»* [63]. • Por ejemplo, colaborando con los movimientos ciudadanos basados en el apego-solidaridad y en la alegría (humor): a través de las redes, por las ventanas y balcones, en cualquier espacio virtual o real…
No aprovechar la crisis para hacer o preparar cambios.	• Déjese llevar por el interés del conocimiento y la indagación solidarios: es un buen momento para repensar el mundo y para orientarse hacia un ecologismo y un humanismo radicales. • También, para replantearse el consumismo cotidiano y ver cómo tener «más tiempo con los hijos» y para otras actividades y perspectivas solidarias, recreativas y alegres.
Dar soluciones autoritarias o manipuladoras.	• La valoración de la democracia formal y cotidiana es la aportación fundamental de Europa al mundo: al servicio de la mayoría y con respeto y cultivo de las minorías críticas y las diferencias. • La combinación de democracia y Estados solidarios, al servicio de los más necesitados, es otra de las aportaciones europeas características. • Nuestra salida de la crisis ha de estar asentada en esas premisas.

Tabla 10. Algunas ideas elementales acerca de cómo usar y no usar cogniciones y emociones en los centros de salud y el personal de salud [derivada de 59, 60]

	Qué hacer	Qué no hacer
Conocimientos, datos	• Proporcionar datos claros, concisos, suficientes, avalados y contrastables. • Piense no solo en carteles, sino en la posibilidad de personas informadoras en diversos lugares y/o en el uso de pantallas para hacerlo (así como para proyectar juegos, música y/o diversiones).	• Saturación de datos, informaciones, carteles. • Difundir informaciones falsas, informaciones basadas en mentiras o bulos. • Favorecer la desinformación. • Desconfiar sistemáticamente de todos los datos proporcionados por autoridades o por expertos. • Menospreciar los aspectos de comunicación.
Sistemas emocionales básicos	• ¡¡Sean creativos!! Usen sus capacidades emocionales (las cognitivas se dan por supuestas). • *SALUD, APOYO MUTUO, CREATIVIDAD.*	
MIEDO	• Úselo para protegerse. • Úselo para conocer e indagar vías, medios, motivos. • Úselo para explicarlo, para contenerlo, para comprender a las personas dominadas por él.	• No se deje llevar por él. • No lo sobredimensione. • Evite el sensacionalismo y el catastrofismo, que lo aumentan. • No por mucho indagar, leer, informarse disminuye siempre el miedo: disocie de vez en cuando, o use otras emociones.
IRA	• La ira no es algo malévolo: está en todos nosotros. • Lo importante es cómo usarla: hay que usarla en ocasiones para medidas de contención y organización de los centros, por ejemplo. • Y, si no queda otro remedio, para imponer decisiones sanitarias u organizativas.	• Sobrecriticar a los compañeros y al mundo. • Desconfiar de todos los expertos y políticos por fantasías más o menos «conspiranoicas». • Ponerse sistemáticamente en posición crítica de gobiernos y expertos.

IRA		• Colaborar con el sensacionalismo, el catastrofismo y los medios de difusión de ese tipo. • Difundir noticias catastrofistas.
INDAGACIÓN-EXPECTATIVA	• Busque, amplíe conocimientos, amplíe su visión sobre el problema en el mundo. • Favorezca la investigación y el compartir conocimientos. • Amplíe su conocimiento sobre hijos, amigos, relaciones sociales, TIC, cultura. • Mucho mejor si es en grupo: en el confinamiento o por las TIC.	• Sumergirse obsesivamente en la lectura y comparación de documentos, datos, *fake news.*
DESEO	• La sexualidad es un placer. • Si es compartido y estimula la relación, el placer resulta mayor, favorece las interacciones sociales y neuropsicológicas y amplía el mundo. • Mejora el estado psicológico y el estado físico.	• Dedicarse obsesivamente al sexo para no pensar, expulsar. • Sumergirse en el mundo del porno. • Abstención total por sobrecarga de trabajo, resignación melancólica, pesimismo.
APEGO-CUIDADOS	• Es la base de la **solidaridad**, del comportamiento prosocial en sus diversas formas. • Observe, piense y desarrolle sistemas prosociales, medios para expandir la solidaridad: en combinación con el humor y el juego, en combinación con la búsqueda y el compartir conocimientos.	• Aislarse • No dejarse cuidar. • No cuidar a nadie (aunque sea una mascota). • Aislarse por desconfianzas más o menos conspiranoicas.
ANSIEDAD **ante la separación-pena y duelo**	• No es negativo acercarse a los errores, culpas, insuficiencias, evitaciones, desconocimientos anteriores. • No es negativo entristecerse por lo perdido, ni llorarlo. Aunque nos produzca tristeza, culpa o vergüenza • No es negativo visionar las desgracias y las muertes, al menos ocasionalmente.	• Hacer como que no pasa nada (negación). • Negación maníaca de la dependencia (no necesita a nadie). • Idealización de uno mismo (narcisismo) o de supuestos búnqueres seguros: la familia, la ideología, mi grupo social, el trabajo, las adicciones.

	Qué hacer	Qué no hacer
ANSIEDAD **ante la separación-pena y duelo**	• Mejor aún, si podemos compartirlas. • Nos prepara para crear mejores situaciones en el futuro.	• Infantilizar a la población no dejándole la oportunidad de sufrir con el sufrimiento de los pacientes, de los familiares y del personal sanitario.
JUEGO-**Alegría**	• La alegría y su cultivo alarga la vida. • El juego como diversión va unido a la alegría y alarga la vida. • La competitividad en el juego es una forma sana de utilizar la ira (y la alegría). • El sentido del humor solidario, en particular el «humor reparatorio», alegra la vida y la de los demás.	• No dejar un tiempo para el esparcimiento y la diversión: psicológica, física (deporte). • Dramatizar y concentrarse en deberes y trabajos sin lugar para el ocio y la diversión.
Emociones homeostáticas (sed, hambre…) y *emociones sensoriales* (asco, dolor, sensaciones…)	• Cuide la alimentación. • Hidratación frecuente y continuada. • Ejercicio físico. • Sensaciones, paisajes, músicas, filmes, proyecciones agradables… • Evite, si puede, dolores agudos o crónicos.	• Descuidar la alimentación. • Bebidas alcohólicas o drogas para «consolarse». • Comidas o situaciones que producen o estimulan el asco o las sensaciones desagradables. • Producir, producirse o aguantar inútilmente dolores o sufrimientos.
Emociones del self (en realidad, *sentimientos primitivos):* **Vergüenza, Culpa, Tristeza y Orgullo-autoestima**	• Poderlas vivir y comunicarlas mejora nuestras relaciones sociales, ayuda al cuerpo social y a la cohesión social, favorece la gratitud y la reparatividad, tan fundamentales para la solidaridad.	• Infantilizar a la población no dejándole la oportunidad de sentir tristeza, culpa y vergüenza al visualizar el sufrimiento de los pacientes, de los familiares y del personal sanitario. • No utilizar la tristeza y la culpa como forma de favorecer la autocontención. • Negación maníaca de estas: no tolerarse sentir o expresar vergüenza, culpa o tristeza. • Autoflagelarse por ellas o por los errores cometidos.

Tabla 11. Recomendaciones más específicas para el autocuidado de la salud mental del personal sanitario de centros de salud

Exigir un trabajo en condiciones de máxima seguridad posible	• Protegerse antes los riesgos del contagio y atender a los pacientes con material adecuado. • No descuidar los procedimientos con la rutina, sino rutinizar los procedimientos adecuados.
Cuidar las necesidades básicas	• El personal sanitario suele pensar que siempre hay que estar disponible para el otro y que sus necesidades son secundarias, sin pensar que no comer y no descansar produce agotamiento y alteraciones emocionales y cognitivas. • Asegúrese de comer, beber y dormir regularmente. No hacerlo pone en riesgo su salud mental y física y también puede comprometer su capacidad para atender a los pacientes.
Descansar y alimentarse	• Mantener periodos de descanso y una alimentación adecuadas. • Siempre que sea posible, permítase hacer algo no relacionado con el trabajo y que encuentre reconfortante, divertido o relajante (escuchar música, leer un libro, hablar con un amigo, hacer ejercicio físico). • Algunas personas pueden sentirse culpables si no están trabajando a tiempo completo o si están tomando el tiempo en divertirse cuando tantos otros están sufriendo: entienda y acepte que tomar un descanso adecuado derivará en una mejor atención a los pacientes.
Planificar una rutina fuera del trabajo	• Trate de mantener los hábitos que permitan las medidas de restricción. • Explore de manera creativa otras opciones que pueda hacer durante el confinamiento (rutinas diarias de ejercicio, de cuidado físico, de lectura, llamadas o videoconferencia a seres queridos).
Mantener el contacto con compañeros	• Mantenga un espíritu de colaboración y respeto con sus compañeros y proporcione/reciba un apoyo mutuo. • Reconozca la importancia de su trabajo y el de sus compañeros («La fuerza del grupo»). • El aislamiento debido a la pandemia puede producir miedo y ansiedad. • Cuente su experiencia y escuche a los demás.

Respetar las diferencias	• Algunas personas necesitan hablar mientras que otras necesitan estar solas. • Reconozca y respete las diferencias entre usted, sus pacientes y sus compañeros.
Compartir información constructiva	• Comuníquese con sus colegas de manera clara y alentadora, identificando errores de manera constructiva para corregirlos. • Todos nos complementamos. Los elogios pueden ser motivadores poderosos y reductores del estrés. • Comparta sus frustraciones y sus soluciones. La resolución de problemas es una habilidad profesional que proporciona una sensación de logro y autoestima, incluso para pequeños incidentes.
Estar en contacto con la familia y seres queridos	• Póngase en contacto con sus seres queridos si es posible. Ellos son su sostén fuera del sistema de salud. Compartir y mantenerse conectado puede ayudarles a apoyarle mejor. • También ellos agradecerán que les pueda hablar o comunicar su parte vulnerable. Sentirse mutuamente útiles es un factor de protección.
Mantenerse actualizado	• Asegúrese una información científica ordenada, práctica, de fuentes contrastadas y adaptada a su actividad. • Participe en las reuniones autorizadas o por TIC para mantenerse informado de la situación, planes y eventos. • Pero no deje de hacer actividades (juegos de mesa, lectura, películas, música, actividad física) no relacionadas con la pandemia.
Limitar la exposición a los medios de comunicación	• Las imágenes gráficas y los mensajes preocupantes aumentarán su estrés y puede reducir su efectividad y bienestar general. • Utilice mecanismos de protección psicológica y evite la entrada constante de noticias sobre la pandemia, permitiéndose poner límites a las demandas que pueden surgir por grupos de WhatsApp y otras redes informatizadas y TIC.
Permitirse pedir ayuda	• Reconocer signos de agotamiento o desgaste, pedir ayuda y aprender a pararse para atenderlos es un modo de regulación interna que favorece la estabilidad frente a una situación de estrés mantenido en el tiempo. • Si se produce un deterioro o derrumbe afectivo, reconocerlo y pedir ayuda.

Utilizar sus capacidades emocionales	• La competencia profesional y la fortaleza no es incompatible con sentir confusión, inquietud, sensación de descontrol, miedo, culpa, impotencia, tristeza, irritabilidad, insensibilidad, labilidad. • Las emociones y sentimientos son parte de la constitución humana. Compartir las emociones con alguien que nos transmita seguridad y confianza ayuda a hacerlas más tolerables y poder regularlas.
Autoobservación: ser consciente de sus emociones y sensaciones	• Sentir emociones desagradables no es una amenaza, es una reacción normal, de defensa de nuestra mente ante el peligro: miedo, ira, tristeza, sensación de separación-soledad… • Sin embargo, la tristeza prolongada, las dificultades para dormir, los recuerdos intrusivos o la desesperanza sostenida pueden alertar hacia complicaciones. • Si puede, comparta su estado con un compañero, con un supervisor o busque ayuda profesional si es necesario.
Aplicar las estrategias de regulación emocional que conozca	• Las técnicas de buscar compañía, expresión artística o humorística, respiración, atención plena *(mindfulness)*, el ejercicio físico, etc. pueden ser útiles para la modulación emocional, fisiológica y cognitiva.
Recordar que lo que es posible no es probable	• Los profesionales sanitarios estamos en una exposición continua a la cara más dramática de esta epidemia: la muerte y el sufrimiento en condiciones desoladoras. Eso moviliza una importante carga emocional que a nivel cognitivo puede traducirse en saltos cognitivos donde se confunde lo posible con lo probable.
Recordar que lo que es posible no es probable	• Es importante no perder la esperanza y recordar también que una parte importante de las personas enfermas padecen esta enfermedad en sus formas más leves y que la mayor parte se curan.
Reconocer al equipo asistencial	• Recuerde y verbalice junto con sus compañeras/os que, a pesar de los obstáculos o las frustraciones, está cumpliendo una gran tarea social, cuidando a los más necesitados. Reconozca a sus colegas y comparta el orgullo de realizar un trabajo solidario para la comunidad, lo que reforzará su resiliencia. • Hay que recordar que todos los que en estas circunstancias están trabajando en primera línea sanitaria y de servicios, a pesar de los riesgos y el miedo inherente, deberían ser los auténticos modelos de identificación cultural (más que los guerreros, los cantantes o los deportistas de élite…).

Tabla 12. Algunas ideas elementales acerca de cómo usar y no usar los niveles para la contención emocional en los centros de salud y el personal sanitario

Factores de contención y resiliencia	Iniciativas o ideas para desarrollar este nivel	Lo que hay que evitar
1. Integración y coherencia del MUNDO INTERNO, de la experiencia vital acumulada del profesional y el centro.	• Iniciativas para valorar el trabajo y el equipo, que vinculen el trabajo con la apreciación familiar, grupal, social, nacional. • Iniciativas que mejoren la autoestima, la moral, el cumplimiento: «uso del lema *Resistiré*», aplausos para los servicios públicos, otros sistemas de reconocimiento y/o de autoestima…	• Poner el acento en lo negativo, actual o pasado, del trabajo, del equipo… • Despreciar o estar sistemáticamente en contra de líderes, directivos, administradores, políticos…
2. Capacidades del Yo (de modular las propias emociones, sentimientos, defensas y habilidades sociales y cognitivas, por un lado, y de manejarse en las instituciones y relaciones sociales y culturales, por otro).	• Actividades personales o de equipo que ayuden a modular emociones, reacciones y actitudes: actividades de ejercicios emocionales, grupos tipo Balint en vídeo-conferencia, *mindfullness*, deporte, juegos de equipo… • Valoración pública de las capacidades cognitivas (investigación, logros asistenciales…) o emocionales (coherencia, soporte, contención en las desgracias o errores…) del equipo. • Elegir o apoyar a la directiva elegida y a la persona elegida para la comunicación con los consultantes (en el centro) y con la red comunitaria.	• Refugiarse en el trabajo individual o del miniequipo tan solo de amigos. • Menospreciar las actividades de cuidado emocional. • Favorecer la desconexión o la desvinculación del equipo. • No apoyar a los directivos o representantes elegidos por el equipo. • No escoger una persona para la comunicación (con los consultantes y las organizaciones comunitarias). • No preocuparse activamente por los problemas de comunicación en el centro.

2. Capacidades del Yo (de modular las propias emociones, sentimientos, defensas y habilidades sociales y cognitivas, por un lado, y de manejarse en las instituciones y relaciones sociales y culturales, por otro).	• Proporcionar información adecuada en el centro: con carteles (no muchos y seleccionados), con personal voluntario, mediante pantallas instaladas en lugares estratégicos... • Un buen ejercicio es que un miembro o colaborador del CAP se presente como consultante y observe las funciones y disfunciones en la comunicación y coordinación. • Escoger unas guías éticas compartidas.	• No interesarse por la ética compartida y guiarse tan solo por las propias ideas...
3. Funcionamiento del cuerpo y *Self* corporal (uso calmante y contenedor o descontenedor del cuerpo y de su representación mental).	• Actividades de descanso puntuales en el propio centro. • Actividades comunes de solazamiento en el propio equipo. • Comunicarse guías para el ejercicio físico en casa o en familia. • Apoyar a las personas y momentos del cuidado del cuerpo, del vestido, de la presentación...	• Trabajar «de corrido», sin descansos. • O procurando escaparse del centro cuanto antes. • Alcohol, tabaco, drogas, psicofármacos... • Ningún ejercicio físico ni en el centro ni en casa... • Despreciar el cansancio o el dolor, propio o ajeno.
4. Familia y representación mental de la familia	• Es un buen momento para comentar e interesarse por las familias de los compañeros. • Y por la familia de los consultantes. • Y por cómo se están tomando el «*Yo me quedo en casa*». • Y por nuevas ideas o propuestas al respecto.	• Ocupar tiempo de trabajo y/o líneas telefónicas del centro para llamar a casa, a los hijos, a los amigos...

Factores de contención y resiliencia	Iniciativas o ideas para desarrollar este nivel	Lo que hay que evitar
5. Redes «profanas»: Amigos, grupos, pandillas, centros…	• Es un buen momento para interesarse por las redes sociales (informáticas y «carnales») de los demás compañeros y poder comunicarse a través de ellas. • Es un buen momento para compartir en equipo las redes sociales del barrio: religiosas, deportivas, tribus urbanas, servicios sociales…	• Aislarse y aislar al centro de las redes sociales y los servicios sociales con motivo del aislamiento, pues nos perderíamos ayudas inestimables: por ejemplo, de las ONG y las asociaciones del barrio.
6. Trabajo como contenedor y equilibrador	• Cumplir los horarios, turnos y trabajos acordados. • Participar en su estructuración. • Participar en lo que mejore las relaciones y la integración del equipo.	• Escaquearse, aprovecharse del desorden… • Favorecer el desorden o no participar en la organización y la integración del equipo…
7. Redes profesionalizadas especializadas: red escolar, red sanitaria, red de salud mental, red de servicios sociales…	• Informarse sobre cómo están los servicios escolares, sociales y de salud mental del barrio. • Mejorar como centro la relación con ellos. • Mejorar la relación de cada equipo con los servicios de su territorio. • Aprovechar el trabajo con TIC para conocer a esas personas…	• Seguir despreciando el trabajo comunitario. • Máxime «ahora que tenemos tantos trabajos urgentes».No darse cuenta del papel que los servicios comunitarios jugarán en la recuperación de la crisis…

Siguiendo con los temas de salud emocional y salud mental, una segunda serie de reflexiones han de tomar en consideración la realidad, ya hoy anunciada y amplificada por todos los medios, de que tras la pandemia, en las familias y grupos con ingresos familiares más bajos y en el *precariado* probablemente aparecerá una alta prevalencia de alteraciones emocionales [24, 59, 60, 63, 102, 104]. Pero alteración emocional no equivale a *trastorno mental* y ni una ni otro han de conllevar forzosamente tratamiento psiquiátrico generalizado. Ya en la crisis político-económica posterior al 2008 se había observado el escaso valor social de tratamientos farmacológicos para las manifestaciones psicosociales de la crisis, por lo cual el gobierno británico lanzó el amplio programa IATP *(Improving Access To Psychological Therapies)* para la formación de psicoterapeutas en el *National Health Service* [27]. Pero desde nuestro punto de vista [59, 60, 63] y el de prestigiosos grupos internacionales [21], no son medidas de salud mental, y menos aún, medidas psiquiátrico-farmacológicas, lo que debe aplicarse para el bienestar emocional de la población durante una crisis social y psicosocial, sino medidas sociales y psicosociales [51, 59, 60, 131, 144]. Algo que, por cierto, ya se había descubierto en salud pública y epidemiología: las medidas más eficaces y eficientes son las que se apoyan en mejoras socioeconómicas y sociosanitarias [51, 78, 107, 123].

Otra importante serie de reflexiones afectan a las cuestiones de género, un problema y un conflicto que había adquirido en los últimos años el lugar que merece en nuestra cultura, pero que la salida regresiva de la crisis puede contribuir a oscurecer o apagar. Hay datos aún controvertidos acerca de que en España y en otros países la enfermedad COVID-19 afecta más a las mujeres que a los hombres [53, 60]. Ante ese dato, hay que tener en cuenta ante todo que la amplia feminización actual de todas las profesiones de cuidados ha colocado a las mujeres en la primera línea de peligro en la pandemia y en la primera línea de esfuerzos en la salida de ella.

Es el momento de reivindicar la capacidad de cuidar, para ambos sexos, como una de las actividades fundamentales de la vida; probablemente, «la que pueda salvarnos de los desmanes realizados durante siglos primando al guerrero frente a la cuidadora, al líder frente a la sumisa» [59]. La ideología neoliberal, belicista o individualista choca aquí abiertamente con la ideología y la ética de los cuidados y la reparación [60, 144]. Ello posee repercusiones socioculturales y políticas, pero también sanitarias: en realidad, la feminización y el antisupremacismo y antimachismo han de obligar a cambiar las actitudes profesionales, la organización y la ética de los servicios sanitarios y comunitarios. Su dominio por los mecanismos del mercado, el triunfo especulativo, la *caridad* o la ideología de la *dependencia* y el victimismo se han mostrado como graves peligros a evitar. Desde una perspectiva de género podemos afirmar que esas formas de cuidados, históricamente delegadas casi exclusivamente a la mujer, proporcionan sin embargo una carga de cohesión social y de *fuerza grupal* no comparable a ninguna otra actividad laboral [59]. Durante siglos, hasta hace bien pocos decenios, se ha tenido por realidad implícita, pero inamovible, que la mujer es la *especialista en los cuidados,* como si el sistema emocional de los cuidados (la emoción del apego) no fuera común a todos los seres humanos [144].

Todas las profesiones sanitarias, como otras muchas profesiones asistenciales y de cuidados, se han *feminizado* progresivamente. Según datos de la OCDE (citados en 59), en 2017 la proporción de mujeres médicas ya era del 55,3% (en el año 2000 era de 36,8%); en España, dos de cada 3 MIR (médicos en formación) son mujeres. Desde un punto de vista feminista [5] esos datos y otros muchos deben hacernos reflexionar también sobre las formas de liderazgo y de cuidados. A nivel social se va haciendo cada vez más evidente la capacidad de liderazgo de la mujer ante situaciones complejas. Por ello pensamos que tal vez sea un buen momento para reivindicar la capacidad de cuidar (basada en la emoción del apego) como una de las actividades fundamentales de la vida, y para ambos sexos. Si todos los habitantes del planeta se *feminizan* un poco, al menos adoptando los valores del cuidar-curar-compartir en vez del estereotipo del liderar-utilizar-acaparar, todavía nos queda esperanza. Dos éticas en contraposición y dos sistemas sociales: las basadas en el triunfo, la guerra, el dominio, el aprovechamiento *yoista* (neoliberal) y los basados en la ética de los cuidados y la reparación. Con el eterno retorno de la ideología belicista y antifeminista que una y otra vez resurge. En la realidad cotidiana de esta pandemia y de los cuidados ante ella, hemos podido ver cómo el paradigma ideológico belicista-guerrero se proponía otra vez como actitud global frente a la epidemia, a la crisis ¡e incluso frente al virus!, en un extremo de irracionalismo y pensamiento mágico de difícil justificación desde la ética de los cuidados y la reparación [59, 144].

Otro apartado para una reflexión en profundidad parte de datos más incontrovertibles, a saber, que en los países de los que se tienen datos fiables, la mortalidad de la pandemia ha afectado mayoritariamente a los ancianos y especialmente, a los institucionalizados en residencias [1, 3]. Una consecuencia directa: habrá que analizar las causas y tal vez evitar que las residencias para mayores estén gestionadas por empresas con afán de lucro (y, para rematar, asentadas en su mayoría en paraísos fiscales). No puede admitirse ya la ideología del lucro privado en los sectores públicos esenciales como la sanidad y/o los servicios sociales y, menos aún, la lenidad y venalidad con la que determinadas administraciones han hecho y siguen haciendo caso omiso de nuestra propia legislación, que prohíbe la contratación *con* empresas o particulares que no estén al día en sus contribuciones a la Hacienda española.

Pero más allá, la pandemia de la COVID-19 nos encara con un amplio reto sanitario y psicosocial: replantearse la forma de vivir y cuidarse/cuidar a los mayores en nuestras sociedades, precisamente en las sociedades más envejecidas del planeta. Un tema, como el de los niños y la pandemia, que merece toda una amplia reflexión especializada. No se trata de «mejorar» las residencias o de «añadirles apoyo sanitario», sino de replantearse si también de cara a los mayores de nuestras sociedades hemos de tender a una *mayor y mejor* (?) institucionalización o hacia formas de cuidados desinstitucionalizadas, comunitaristas [76].

Porque el otro tema para reflexionar ampliamente es el de la infancia en la crisis y, por ende, el cuidado de la infancia en nuestras sociedades. Como en pocos momentos de la historia de nuestras formaciones sociales, ha quedado de manifiesto uno de los extrañamientos o alienaciones más radicales que un sistema social orientado al beneficio privado e inmediato está ejerciendo sobre el conjunto de la población: la alienación con respecto a sus propios hijos. La profesionalización de la infancia y sus cuidados ha llegado en nuestro país y en algunos otros a cotas difícilmente superables. Desde el principio, a ser posible desde su concepción y nacimiento, los niños son entregados a la profesionalización a cargo de cuidadores/educadores, por añadidura mal pagados y poco reconocidos. El cuidado de la infancia ha dejado de ser un placer y una dedicación voluntaria de los padres para convertirse en un duro deber y trabajo (¿quién los obliga a ello?), que hay que postergar lo más posible y, si se puede, encargar a otros asalariados mal pagados. Con una consecuencia directa: cada vez somos menos capaces de atenderlos, entenderlos, cuidarlos, educarlos, estar con ellos [76,136].

Esas dificultades han aparecido con toda su crudeza paradójica ante el confinamiento con los hijos. Convivir con ellos durante 24 horas es una experiencia que buena parte de los padres de clase media y gran parte de sus hijos no han tenido en su vida. Inmediatamente, las dificultades de los adultos para soportar esa situación se han expresado masivamente, usando a los niños y sus dificultades durante el confinamiento (dificultades reales) como «armas arrojadizas», en otra manifestación aparatosa de lo que en psicoanálisis se llama *desidentificación por proyección* (o *identificación proyectiva* [144]): «no es que yo no me sienta capaz, no tenga identidad como padre/madre, es que los niños lo pasan tan mal…». Pero una vez que se pudo salir con los niños, eso no significó suficiente descanso (para los adultos). Entonces se pasó a reivindicar la necesidad imperiosa (para los adultos) de las terracitas, las cervecitas, las reuniones, las playitas... ¿No eran tan importante los niños? ¿Quién ha organizado o reivindicado sistemas de continuar su formación e instrucción mediante la colaboración de los padres, los medios televisivos y de *e-education* y los enseñantes confinados? (en China y en Escandinavia sí, pero ya se sabe que «como son tan suyos»). A nivel aún más básico: para la desescalada, la empobrecida educación pública necesitaría locales para mantener la distancia de seguridad. Y locales para negocios no es que falten en nuestra sociedad, pero casi ni se piensa que podrían servir para la educación de la mayoría de nuestros niños que no disponen de colegios privados bien dotados: locales deportivos, gimnasios, teatros, cines, iglesias, campos de deportes y de fútbol, locales de ferias y congresos. Y además, el mejor local del que en nuestras latitudes disponemos en abundancia: la naturaleza, el *aire libre*. Es otro tema sobre el que ya he reflexionado anteriormente y sobre el que hemos de difundir una postura decidida: necesitamos una organización social basada en un principio social y cultural, pero también de promoción sanitaria primaria, tan simple que puede enunciarse con una sola frase *Más tiempo con los hijos disfrutando de ellos* [136].

Para terminar, entre estas propuestas para la reflexión, no quería dejar de mencionar la necesidad de una reflexión política general. En particular, sobre la experiencia que hemos padecido de cómo unas formas políticas envejecidas —basadas en intereses de organizaciones envejecidas—, han contribuido al agravamiento de la crisis, al menos a nivel psicológico y psicosocial. La pandemia ha puesto de manifiesto la necesidad de profundos cambios en nuestra organización de la democracia. Al igual que ha puesto de manifiesto la importancia del contacto directo y el uso de métodos muestrales para tomar decisiones, parece indudable que a nivel social debería hacer pensar en cómo mejorar la democracia directa y cómo y cuándo utilizar métodos muestrales en las decisiones políticas, como ya se ha hecho en otros países (por ej., Islandia e Irlanda). Volver cuanto antes al contacto social estrecho implica mayor morbilidad y mortalidad; dejar que la situación socioeconómica se deteriore manteniendo demasiado el aislamiento, implica también mayor morbilidad y mortalidad [60, 107]. Es psicológicamente comprensible que la población haya desconfiado de las organizaciones que en nuestro mundo toman esas dificilísimas decisiones, entre otras cosas porque hace años que sabemos que deben ser reformadas profunda y perentoriamente. Por ejemplo, instaurando verdaderos controles de calidad de nuestros políticos, algo a lo que todos nos hemos acostumbrado en nuestras empresas públicas y privadas, salvo para una o dos castas que parecen tener «bula» para dichos controles: los políticos y los financieros. No podemos seguir con una democracia en la que (casi) todo el mundo cree y dice que (casi) todos los políticos mienten... sin que ello conlleve ninguna consecuencia sobre los mentirosos.

Una última serie de reflexiones se refiere al delicado tema de cómo combinar medidas de convencimiento y medidas represivas en el control de comportamientos sociales en casos de epidemia y pandemia. Ya al principio de la pandemia vimos ejemplos de falta de solidaridad, personas que se resisten a hacer la cuarentena, no la admiten y amenazan con romperla. Serían menos si no se hubiera realizado esa infantilización emocional masiva de la población, tratándola como una masa de incapaces de afrontar la pena y la tristeza ante las separaciones y las muertes. ¿Qué hacer entonces? Propuse en ese momento inicial un esbozo de protocolo que puede ayudar en estos casos [145]. Estas personas pueden entenderse como formando parte de tres grupos según el nivel de miedo y otras emociones que los invaden o que padecen:

Primer grupo. Como ya hemos visto, puede que algunas personas estén dominadas por esa emoción poderosa: el miedo. Como emoción que es, resulta el elemento ambiental más contagioso. Debemos intentar reforzar, entonces, otras emociones, que también son contagiosas, aunque más adaptadas:

1. El interés, el conocimiento. *¿Sabes de qué estamos hablando? ¿Conoces las consecuencias? Leamos o veamos juntos este documento, vídeo, noticiario y lo discutimos.* Aquí estamos apelando al conocimiento, a las cogniciones, pero también al sistema emocional de la indagación y los cuidados.
2. El apego, la solidaridad: *¿Conoces las consecuencias para todos los que te rodean, para tu ciudad? ¿No estarías más feliz y contento colaborando?* No hay mayor placer que la colaboración responsable y solidaria. Aunque tengas tus dudas (razonables) ante estas medidas.

Un gran porcentaje de estas personas, si no han respondido solidariamente antes, lo harán si están ante figuras de identificación y/o autoridad que son capaces de, con respeto y cuidado, hacerles pensar y sentir esas ideas. Digan lo que digan algunos medios y personas oportunistas (que de alguna forma buscan justificar estas tendencias antisolidarias de ellos mismos) desde el punto de vista científico sabemos que la mayoría de la población por solidaridad y por responsabilidad acepta de buen grado las frustraciones. La tendencia dominante en el ser humano es la solidaridad, marcada incluso por lo que neurocientíficos como Pfaff [99] o Davidson [33] llaman *el cerebro altruista.* Pero también hay una minoría resistente.

Segundo grupo. Dentro de ese primer grupo, que ya es una minoría con respecto a la población general, algunos padecen auténticos problemas crónicos de relación *(trastornos mentales)* que les hacen muy difícil seguir las normas o, por ejemplo, quedarse en casa un mes seguido. Es el caso de los que padecen *claustrofobia* (y la claustrofobia es más prevalente, más frecuente, que la enfermedad por coronavirus). También pueden ser personas que padecen trastornos más graves como psicosis u organizaciones de la relación incontinentes o actuadoras.

En estos casos tal vez haya que indicarles la necesidad de consultar con un profesional de la salud mental. Por dos motivos:

1) Como decimos a menudo de forma humorística, tener que consultar a un profesional de la salud mental puede dar más miedo que el propio miedo, y la persona puede contenerse con tal de no consultar «con el loquero».

2) Un buen profesional de la salud mental puede ayudar a paliar gran parte de esas situaciones, ya sea con ayuda psicológica y/o psicoterapia o con fármacos.

Tercer grupo. A pesar de todo, una minoría de esa minoría rechazará esas ayudas y el comportarse solidariamente: ahí es donde, tal vez, no quede más remedio que aplicar las «medidas de orden público». Antes deberían intentarse otra vez los dos pasos ya mencionados. Pero hay personas, pocas, muy resistentes, que ponen una y otra vez en riesgo a sus allegados y a sus conciudadanos llevadas por el desprecio, la autosuficiencia o la desconfianza extrema... En esos casos habrá que aplicar lo pautado por los sistemas de orden público, pautas que con tanta facilidad se han aplicado una y otra vez contra la resistencia solidaria en los barrios populares o en la revuelta social del 15M. Máxime porque en ese caso se trata de una resistencia antisolidaria.

Pero tanto por cuidar la salud mental como por seguir la esencia de la democracia —la principal aportación de Europa al mundo— deberíamos aplicar tales pautas con un «protocolo» cuidadoso, progresivo y democrático, de forma que haya que usarlas lo menos posible. Algunos jóvenes, y no tan jóvenes, desprecian cuidar a los otros y cuidarse, desprecian las medidas de aislamiento creyendo que, si se contagian, su afección probablemente será leve. Tal vez en ese caso lo mejor que se puede hacer es ayudarlos a sentir que *con su actitud... tal vez estén matando a sus abuelas.* Y para reincidentes, podrían ser convenientes, más que multas económicas repetidas –que ya veremos quién cobra– trabajos comunitarios como hacer de auxiliares en plantas hospitalarias de infecciosos o voluntariado en los barrios donde ya hay miles de personas que pasan hambre. Pero buena parte de esas situaciones podrían haberse evitado con una política de comunicación menos infantilizadora y que tuviera en cuenta el conjunto de las emociones humanas. La tristeza y la culpa, no solo el miedo y el apego están en la base de la responsabilidad.

7. Repensar el futuro: la pandemia de la COVID-19 como oportunidad transformadora

Ya comenzamos a tener una perspectiva general de los costes que la pandemia de la COVID-19 va a suponer en nuestros países «tecnológicos», en los privilegiados WEIRD. No solo de los costes sanitarios (centenares de miles de muertos, millones de contagiados, servicios sanitarios desabastecidos y en crisis durante meses). No solo de los costes sociales y económicos, que se anuncian también como muy graves. Como acabamos de ver, también de los costes psicológicos y psicosociales [24, 57, 63, 68, 76, 85].

De los costes sociales y económicos nos hablan cada día los medios más o menos sensacionalistas, pero también expertos y gobernantes serios y más objetivos y cuidadosos. En plena práctica masiva del *shock del miedo* los medios de «información» dedican horas a prepararnos «para una catástrofe mucho peor que lo que ha sido la epidemia». Pero de lo que nos informan menos, y casi ni podemos imaginar, es de los costes emocionales que ha supuesto estar encerrado durante la pandemia, en un domicilio minúsculo junto con tu maltratador, y tal vez con tus hijos; estar encerrado en un centro de internamiento para extranjeros o en una cárcel; estar encerrado en una residencia de ancianos y ver desaparecer día a día a las cuidadoras y ver morir a tu lado a los otros huéspedes; estar encerrado en un «centro residencial para la adolescencia y la infancia» y no recibir la visita de nadie, ni poder «respirar» con la familia de acogida temporal o con las visitas, muy importantes en esas edades; estar encerrado en casa si eres una persona con una psicosis aguda o subaguda, o con un trastorno fóbico-evitativo, o con una depresión real… O, menos dramáticamente (y es un decir), no tener donde estar encerrado (los «sin techo»); o soportar una noche de lluvia y faena en el mar, a la intemperie, en un frágil cascarón junto con tres, cuatro o cinco compañeros; o conducir durante 12 o 18 horas un «cinco ejes» sin tan siquiera tener un lugar donde evacuar las necesidades más elementales —porque poner servicios en las autovías y autopistas «encarecía su coste»—; o tener que contenerse como el sufrido agente que debe esforzarse para convencer a ciudadanos más o menos despectivos o conspiranoicos para que cumplan la cuarentena… Y todo ello, si la crisis económica que se avecina es tan profunda y larga como auguran casi todos los voceros, no va a mejorar: por lógica (económica) del sistema de clases, tenderá a empeorar.

Por otra parte, como acabamos de recoger, la conclusión de los diferentes estudios a los que hemos podido acceder, centrados en otras epidemias y cuarentenas, es que el impacto psicológico de la cuarentena será largo y duradero, pero que hubiera sido peor dejar evolucionar la enfermedad sin cuarentena. Dados los efectos sobre la salud emocional y la salud mental de la población (véanse las tablas 7 y 8), las revisiones de cuarentenas anteriores recomiendan manejar cuidadosamente su implementación, su duración y la salida de estas. También recomiendan poner en marcha cuanto antes cuidados y refuerzos emocionales y cognitivos similares a los que acabamos de esquematizar y, en particular, reforzar el sentido del altruismo, de la solidaridad. Se prevé, además, que los efectos de la cuarentena afecten no solo a la población, sino a todo el sistema sanitario en general, así como a las administraciones y a los políticos [1, 63, 106, 107].

Por un futuro diferente para los cuidados sanitarios

Dada la situación, por una parte imprevisible, y por otra, enormemente diferente con respecto a nuestros conocimientos y experiencias, muchos mantenemos que es un buen momento para repensar el futuro. Todo el futuro cultural y social.

En la semana crucial de la pandemia en España salgo al balcón y tres sensaciones me golpean con toda su fuerza, casi por sorpresa. La primera, «el ruido del silencio». Después, la soledad de las calles y el parque. En tercer lugar, lo límpido del aire, del ambiente. A pesar de que estamos en primavera, y rodeados de «falsos plátanos», me sorprende también la suave sensación del aire no contaminado en mi garganta y, más allá, en el interior de mis pulmones.

Pero lo primero, el silencio potente, espacial, un poco atemorizante, pero no total. Habíamos pasado días y días buscando el porqué de un ruido sordo que lo manchaba. Lo habíamos atribuido a las máquinas de aire acondicionado de un hotel de lujo cercano. Pero hoy, cuando los hoteles ya están cerrados hace días… ¿De dónde puede venir? Finalmente hemos tenido que convenir que probablemente viene de los respiraderos del metro, treinta metros más abajo. Es un ruido potente, que cuando suena, embadurna el ambiente. Pero con la contaminación acústica de la ciudad nunca habíamos llegado a percibirlo.

Este es un relato del que podríamos ser protagonistas todos y cada uno de nosotros. Es el presente que, hace unas semanas, no podríamos haber prefigurado. ¿Acaso esta limpidez del aire, ese silencio y hasta esa cierta armonía prefiguran también cambios futuros [63, 76]? Tal vez. Pero aquí nos vamos a centrar tan solo en dos aspectos de ese futuro. En primer lugar, en la necesidad de implementar cambios potentes en los sistemas de asistencia o cuidados. Y en segundo lugar, en por qué la pandemia de la COVID-19 nos obliga a replantearnos asuntos culturales e ideológicos más amplios de nuestro mundo y su futuro.

Como hemos dicho, los primeros cambios que deberemos afrontar en la crisis y, mucho más, saliendo de ella, tienen que ver con la terrible experiencia a la que nos hemos visto sometidos: hay que revertir los elementos que han agravado la catástrofe (en parte imprevisible) de una pandemia imprevista. Para ello, como ya hemos recordado, habrá que afrontar y revertir el empobrecimiento crónico de la sanidad pública, el aislacionismo sanitario internaciones y el biologismo —que no los conocimientos biológicos— de los enfoques y de los cuidados, tan claramente expresados en la «burbuja sanitaria» y la medicalización masiva de nuestros sistemas y nuestra cultura. Y todo ello con el reto, del cual hemos hablado en otras ocasiones, de la ineluctabilidad de una transformación de los servicios sanitarios y, más aún, de los servicios de salud mental. Habrá que implantar enormes cambios, aunque progresivos, de forma que los cuidados sanitarios estén más basados en la autonomía de los individuos, en sus lazos de solidaridad y creatividad solidaria, en los «núcleos vivenciales naturales de la población» (la red comunitaria) y, por lo tanto, disminuyendo el profesionalismo tecnocrático y «biocomercial» hoy imperante. Tareas que, desde luego, no son sencillas ni prefiguradas. En todo ello, la renovación y la revitalización de la atención primaria de la salud han de jugar un papel fundamental, a replantearse creativamente en los países urbanizados del globo.

Hemos tratado el tema en varios libros anteriores, desde sus aspectos epistemológicos [132] hasta sus aspectos psicosociales [133, 134, 147] y, recientemente, para el ámbito de la psicopatología en mis *Apuntes para una psicopatología basada en la relación* [70, 144]. Por eso me voy a limitar aquí a resaltar una serie de puntos sobre cómo, teniendo en cuenta la integración de los componentes emocionales a partir de la crisis actual, podrían enfocarse esos replanteamientos.

Una perspectiva comunitarista actualizada de la salud tendría que tener en cuenta toda una serie de principios ideológicos, teóricos y clínicos que aquí me limito a enunciar. Sin embargo, ni soy un experto en esos temas ni es este el lugar para intentar desarrollar las ideas teóricas y técnicas básicas para el futuro de unos servicios sanitarios más atentos a la salud comunitaria y menos dependientes del aparato sanitario-industrial y de la cultura de la medicalización y el profesionalismo. Pero sí me atrevería a mencionar al menos los cambios de tipo ideológico y cultural que deberían estar en su base.

En ese sentido, un posible modelo renovado de la asistencia sanitaria de enfoque *comunitarista* debería pronunciarse abiertamente a favor de varios elementos que nos han hecho reflexionar a partir de la pandemia de la COVID-19:

1. Por un modelo realmente biopsicosocial que, por tanto, pueda ser capaz de una integración mucho mayor de los componentes biológicos con los psicológicos y sociales en todas las enfermedades, pero particularmente en las crisis personales o sanitarias y sociales.
2. Que en su aproximación al ser humano —enfermo o no, consultante o ciudadano— tenga en cuenta el mundo interno de los individuos, la mentalización y la experiencia personal de enfermar (la vivencia de la enfermedad y el afrontamiento de enfermedades y crisis). Que tenga en cuenta por tanto, la emoción y sus correlatos sociales y neurocientíficos, así como el mundo de la cognición desde un punto de vista científico.
3. Orientado por tanto al ecosistema relacional tanto como al ecosistema biológico del ser humano. Eso ha de significar contener el profesionalismo, el biologismo epistemológico y la medicalización, evitando especialmente

la «cronificación medicalizada» y la medicalización de la infancia.

4. Orientado por el principio de la «mínima profesionalización necesaria» de los cuidados (evitar el profesionalismo tecnocrático y biocomercial del modelo actual). Eso supone al menos dos corolarios:

   a. Principio del «decrecimiento sostenible» en profesionalismo de las primeras líneas de cuidados.

   b. Cuidado de los «niveles no profesionalizados para la contención» [70, 112, 115, 144].

5. Para todo ello habrá que estar muy atentos a la política y revalorizar su importancia para la asistencia (en general, y mucho más para la asistencia comunitarista). De la política parlamentaria y no parlamentaria. Habrá que oponerse a la ideología neoliberal, a los «recortes-estafa», a las «externalizaciones» como negocio y a los privatizadores corruptos [107, 75].

6. Un modelo sanitario que dé prioridad a la prevención, en especial a la prevención primaria, y a lo que hemos llamado «prevención cuaternaria». «Más tiempo con los hijos y disfrutando de ellos» debería ser el programa preventivo fundamental y básico [70, 112, 144, 147].

7. Un modelo sanitario que pueda tener en cuenta lo que hemos llamado *los 7 niveles para la contención*, y no solo una parte del nivel 7 (el que corresponde, estrechamente, a los propios servicios de salud).

8. Que busque abiertamente la integración entre los diversos servicios comunitarios, las diversas redes, y entre ellas y la comunidad. Con principios teóricos de *dialogismo y comunitarismo* [115].

9. Si ese sistema está presidido por un modelo sanitario realmente comunitarista, ha de dar una participación mucho mayor a la comunidad dentro de la asistencia (a la comunidad de los «núcleos vivenciales naturales», no

a diversas manipulaciones seudopolíticas de «la comunidad» y «lo comunitario»).

10. En ese sentido, probablemente su primera línea debería ser una *atención primaria a la salud* realmente integrada con los servicios sociales comunitarios, y renovada financiera, organizativa y teóricamente. Es desde esa posición desde la que habíamos sintetizado las recomendaciones para la administración que resumimos en la tabla 13.

Tabla 13. Recomendaciones específicas a la Administración en la vía de otro modelo de atención a la salud comunitaria (modificada en 59, 60)

Recomendaciones	Lo que hay que hacer	Lo que no hay que hacer
• Valorar en cada caso y en cada momento la intensidad y duración de las medidas de aislamiento exigibles. Tener previsto un plan para la implementación progresiva de estas. • Proteger y cuidar de la población más vulnerable. • Garantizar en todo momento las necesarias medidas de protección física para los equipos asistenciales. • Asegurar los recursos humanos suficientes a nivel hospitalario y de atención primaria. • Mantener a todo el personal protegido de la sobrecarga emocional, sabiendo que tal situación tardará semanas o meses en recuperarse.	• Desarrollar ayudas garantizando los ingresos mínimos necesarios mientras dure el confinamiento (flexibilizar o anular hipotecas o alquiler, tributos o impuestos; moratoria en los desahucios; proteger a las personas sin techo…). • Aprovechar la experiencia para instaurar la renta mínima garantizada. • Protección de las mujeres con riesgo de agresión en el hogar. Proporcionar una vía eficaz de solicitud de ayuda (teléfono, TIC, otros sistemas…). • Reconocer el valor de la salud y de sus profesionales invirtiendo los recursos necesarios.	• Establecer medidas sin tener en cuenta las necesidades específicas de las personas y los colectivos o sin tener suficientemente en cuenta las capacidades y necesidades de cada núcleo poblacional concreto. • Aprovechar la crisis para recentralizar o, en general, para imponer medidas antidemocráticas, recortando derechos. • No restituir lo perdido con los recortes sanitarios. • No mejorar y atender preferentemente al sistema público de salud, que ha de primar sobre empeños privatizadores o especuladores con la salud.

- Proporcionar comunicaciones de buena calidad y actualizaciones precisas de información de calidad a todo el personal sanitario, así como a la población general.
- Iniciar, alentar y monitorizar los descansos de trabajo. Implementar horarios flexibles para los trabajadores que se ven directamente afectados o tienen familiares afectados o dependientes.
- Rehacer el sistema sanitario teniendo en cuenta los componentes psicológicos, sociales y organizacionales puestos de relieve por la pandemia.
- Reforzar en personal, financiación y organización el sistema sanitario, replanteando algunos aspectos señalados.
- Reforzar el sistema de salud pública y epidemiología en todos los estados y en la UE.
- Reforzar la APS
- Aprovechar las enseñanzas de esta pandemia para otras pandemias y otras DEM (Difusiones emocionales masivas). Entre otras, que la salud de la población no puede dejarse al cuidado del «dios mercado».

- Prever que situaciones similares pueden repetirse.
- Reforzar los procesos de participación ciudadana y comunitaria en la salud.
- Reforzar la APS. Invertir más que lo recortado en su adecuación, formación y futuro.
- Medidas sociales y económicas para amortiguar las consecuencias sobre la salud y la organización social del cese de las actividades productivas.
- Medidas sociales y económicas para mejorar la salud y las capacidades socioeconómicas de la población tras la retirada de las medidas de aislamiento y el fin de la pandemia.
- Medidas de integración social: parados, marginadas, inmigradas no documentados…
- Legislar, en el ámbito español y en el ámbito europeo, por una sanidad pública, gratuita y universal.
- Proporcionar mayor autonomía de gestión a los equipos, tanto en atención primaria como en el hospital.

- No replantearse el reparto de las inversiones en salud, tanto para situaciones de crisis como en situaciones de bonanza.
- No articular un fondo de reserva para este tipo de crisis (en especial, de material y adecuados listados de personal para crisis).
- No formar al personal para prever reacciones ante este tipo de crisis.
- Seguir manteniendo políticas de aislacionismo y supremacismo, tanto sanitario como social.
- Seguir despreciando la urgencia de políticas europeas y mundiales realmente ecológicas e internacionalistas.
- Volver a postergar medidas de equidad fiscal, de género, ecológicas, de reglamentación del trabajo, de inmigración…
- En definitiva, NO APROVECHAR LAS ENSEÑANZAS DE ESTA CRISIS. Por ejemplo, no reformando las democracias europeas, volviendo a estrategias de desarrollo antiecológicas, supremacistas y aislacionistas, aumentadoras de las desigualdades…
- Imponer modelos u organigramas de atención sanitaria sin tener en cuenta en su diseño la participación mayoritaria de los profesionales de la salud.

Reparación, reparatividad y ética de la solidaridad y los cuidados

> *Sábete Sancho, que no es un hombre más que otro si no hace más que otro. Todas estas borrascas que nos suceden son señales de que presto ha de serenar el tiempo y han de sucedernos bien las cosas; porque no es posible que el mal ni el bien sean durables, y de aquí se sigue que, habiendo durado mucho el mal, el bien está ya cerca.*

Miguel de Cervantes Saavedra
El Ingenioso Hidalgo Don Quijote de la Mancha.
Parte primera, capítulo XVIII, 1605.

En estos meses, numerosos pensadores han reflexionado sobre las aparentes paradojas que en nuestro mundo globalizado ha supuesto la pandemia del coronavirus. David Trueba, por ejemplo, proponía fantasear sobre una *distopía global.* Imaginemos que la epidemia se extendiera y que los europeos y norteamericanos quisiéramos huir de ella, aprovechando la aparente vulnerabilidad al calor del coronavirus SARS-CoV-2; que intentáramos entrar en los países del sur. ¿Y si estos nos negaran la entrada, como llevamos decenios haciendo con sus habitantes? ¿Y si nos recibieran con muros, concertinas, policías, ejércitos, disparos, minas, obuses, campos de concentración? ¿Qué sería de nosotros y de nuestros valores, posesiones, armas, riquezas, bienes de consumo, relaciones, recuerdos, historia? Con el agravante, encima, de que ellos, en buena medida, huyen de una epidemia social, no precisamente biológica, sino directamente causada por nuestros países «desarrollados»: las armas con las que matan y se matan, las armas de las que huyen están fabricadas en nuestros países y contribuyen a nuestro «bienestar». Y no nos da vergüenza y horror. No nos da vergüenza y horror que en el mundo se estén gastando cada día entre cuatro y cinco mil millones de euros en armamento. ¡Cada día!

Sometidos en los próximos meses a los potentes aparatos ideológicos dominantes y a la *psicopolítica* [62, 140], ¿cuánto tardaremos en olvidar la realidad que la pandemia ha hecho tan patente, la realidad de que el mundo lo mantienen los trabajadores (del trasporte, la sanidad, los supermercados, la agricultura, la pesca y tantos otros) y no los especuladores y los fabricantes y traficantes de armas?

Todo ello, a su vez, apunta hacia una serie de cambios sociales y culturales que la crisis por la pandemia de la COVID-19 nos ha ayudado a poner en primer plano. Tiene que ver con la crisis ya crónica de un modelo sostenido ideológica y culturalmente por una vieja moral y unas viejas reglas basadas a nivel psicosocial en relaciones esquizoparanoides: en la guerra y el belicismo, en el «ojo por ojo», en el miedo como cemento biopolítico y en muchos otros «mandamientos» retrógrados y oscurantistas. Sin embargo, hay posibilidades de nuevos enfoques globales del mundo, de la cultura y, por supuesto, de los sistemas sanitarios. «Otro mundo es posible», como decía Paul Éluard.

Desde los primeros desarrollos de la cibernética se ha consolidado una concepción de la mente humana como sistema abierto o semiabierto. Es decir, la mente, como el cerebro humano, se conforma como un sistema o estructura (informacional) parcialmente autónomo, enormemente abierto y plástico, pero que, para mantener su homeorresis (su homeostasis con estados cambiantes), se halla sujeto a las aportaciones informacionales (perceptivas, emocionales, cognitivas...) procedentes del exterior del sistema. Sin ese aporte externo, la mente como sistema tiende a la entropía, a los estados de mínima energía, a la desorganización (aspecto que ha quedado palmariamente ilustrado en experiencias tales como la deprivación sensorial y la deprivación afectiva o, más dramáticamente, en las experiencias de los campos de concentración o exterminio; o en la experiencia de algunos individuos y algunas familias ante el aislamiento provocado a raíz de la pandemia de la COVID-19).

Creo que incluso esa concepción de la interacción humana aún se encuentra muy poco influida por una visión evolucionista de la mente y de las relaciones intraespecíficas y, más en concreto, por la *teoría del apego y la mentalización:* la perspectiva etológico-psicológica según la cual la mente (y la organización biopsicosocial humana) se basa, primariamente, en los intercambios emocional-cognitivos y en la elaboración de las relaciones y las separaciones, las pérdidas y los duelos. Se trata de la perspectiva teórica y experimental desarrollada, por ejemplo, por Bowlby, Harlow, Parkes, Pollock, Stern y Fonagy, entre otros muchos investigadores y teóricos y que he resumido en trabajos anteriores [138, 144, 153].

Todos los estudios y revisiones asentados en la *teoría del apego* nos hablan no solo de la mente y el organismo humanos como sistemas semiabiertos, sino de la mente y el organismo humanos como sistemas incompletos. Ese principio organizador tiene al menos una consecuencia directa: no podemos considerar cierto que los seres humanos seamos capaces de elaborar completamente los conflictos, las frustraciones, las pérdidas y los duelos fundamentales de la vida. Siempre necesitamos de un otro, del *objeto de nuestras emociones y sentimientos* para subsistir como seres humanos, como personas y como sujetos. La posibilidad de nuestra permanencia como sujetos, la estructuración y permanencia del *self*, hay que entenderla hoy, desde el punto de vista del psicoanálisis y la psicología contemporáneos, como subsidiaria de la existencia de relaciones sujeto-objeto. Relaciones que pueden ser de amor, de odio, de conocimiento, confusas, aglutinadas, simbióticas, sadomasoquistas, ambivalentes o del tipo que se quiera, desde luego. Pero que son relaciones sujeto-objeto puestas en marcha por nuestras necesidades y emociones básicas y la misma serie de emociones y motivaciones de los demás. Es eso lo que nos mantiene como sujetos, como seres humanos.

En nuestra cultura no se ha incorporado aún con suficiente profundidad teórica, filosófica y epistemológica esa implicación fundamental de la teoría del apego y de los estudios sobre la separación, la privación y la pérdida afectiva: la comprensión de la mente humana y, en general, del organismo humano como sistemas incompletos [58, 114, 138, 143, 144]. Siempre hay necesidad de un otro que aporte seguridades complementarias, que alimente desde fuera el mundo interno. La relación con otro, la alteridad... es fundamental para mantener la estructura del yo, del *self* e incluso del mundo interno. *El infierno NO son los otros, aunque pueden serlo* (y nosotros para ellos) [46, 113, 114]. Siempre tenemos necesidad del otro externo en mayor o menor medida; incluso cuando esa dependencia inevitable y fundamentante de la vida corporal y mental es negada, disociada, proyectada... o disimulada mediante actitudes o incluso teorías científicas que la contradicen.

Esa perspectiva, en realidad, no es sino un paso más en la larga marcha de descentración con respecto al narcisismo que ya he citado en otros lugares [140, 144], siguiendo la idea inicial del mismo Sigmund Freud: Copérnico y Galileo pusieron en marcha el fin del mito teocéntrico y geocéntrico, en el cual los dioses del hombre y la Tierra misma (*Gea*) se suponía que eran el centro del universo. Más tarde vino la descentración con respecto a la naturaleza animada (Darwin y su teoría de la evolución) y la descentración con respecto a la propia conciencia: comenzará a verse la conciencia del hombre como un fenómeno más determinado por las pulsiones y las motivaciones inconscientes —Freud—, o por las relaciones sociales y el lugar que se ocupa en las relaciones de producción-distribución-consumo —Marx—, que por motivos racionales, elevados, morales, «nobles». Einstein y, en general, la perspectiva relativista de la física y la astrofísica volvieron más tarde a socavar profundamente nuestro narcisismo de especie: ni la percepción misma es autónoma de la relación sujeto-objeto; también depende de otros entes, y de la posición relativa del observador, incluso en los cálculos más matemáticos o astrofísicos.

Todo lo anterior implica una concepción de la mente, la personalidad y el desarrollo individual y social que se halla en abierta contradicción con los mitos doctrinarios que difunden *neoliberales y neocons* de todo tipo. No es posible el progreso sin interdependencia. Una sociedad humana se desarrollará mejor si atiende y cuida a sus miembros dependientes. *Sin solidaridad y comunitarismo no hay futuro.*

Bruscamente, sin preaviso, la crisis de la COVID-19 ha puesto en primer plano cultural y sanitario una realidad humana fundamental: la realidad de que a pesar de que, en ocasiones, «el infierno sean los otros», para el ser humano es imprescindible la relación con objetos externos *realmente presentes* que sostengan nuestra estructura mental y nuestra estructura de personalidad. De ahí la necesidad de la dependencia (como base del crecimiento) y el carácter de mito narcisista que adquieren la «independencia personal», la «autonomía personal» o el «desarrollo personal» descomunitarizados, no apoyados en la solidaridad.

Creo que la concepción de la mente y la personalidad como estructuras o sistemas semiabiertos, capaces de transformaciones teleonómicas, pero también necesitados de las aportaciones exteriores y teleológicas para mantenerse y regularse, conlleva la necesidad de rescatar la perspectiva psicoanalítica y relacional del desarrollo individual. Un desarrollo que se basa en crisis, transiciones y fases, como por ejemplo en la visión genialmente desarrollada hace más de medio siglo por Erikson [41] siguiendo las ideas iniciales de Freud. Según ella, el desarrollo humano, tanto individual como colectivo, se logra a través de crisis o transiciones psicosociales. Incluso el desarrollo «normal», el ortodesarrollo. Además, como suelo recordar, a menudo sobrevienen otras transiciones accidentales y duelos, muchos de ellos frecuentes. Y, por añadidura, pueden ocurrir ocasionales transiciones «psicotraumáticas», los duelos complicados y las pérdidas con trastorno «postraumático» o «psicotraumático» [138,153]. Es imposible progresar sin sufrimiento, sin emociones desagradables (miedo, ira, pena, asco, vergüenza, culpa…). Lo trascendente será que, gracias a la interdependencia humana, predominen las emociones agradables, que promueven mayor estabilidad vinculatoria (placer-alegría, sorpresa-conocimiento, tristeza reparatoria…) sobre las desagradables y desvinculatorias, de todas formas inevitables. Es imposible elaborar las pérdidas, las frustraciones o los duelos sin soportar el sufrimiento emocional: por ejemplo, sin soportar los sufrimientos que nos invaden en el segundo momento de todo duelo, el que designamos precisamente como de *aflicción y turbulencia afectiva* [138, 153].

De ahí el valor crucial de las relaciones y la solidaridad humanas para la vida y para la supervivencia: desde sus inicios, la vida incluye una serie de escaramuzas emocionales desbordantes. Es imposible controlar su aparición, su desarrollo, sus modalidades. No nos es dado controlar las emociones puestas en marcha, nuestras respuestas iniciales, las respuestas de nuestros padres y cuidadores, las respuestas microsociales incluso… Nos desarrollamos entre escaramuzas emocionales que nos desarrollan.

De una situación social y psicosocial como la que venimos tratando en estas páginas no podremos salir con un progreso real si no nos atrevemos a soportar la turbulencia afectiva y social necesaria, el «nacimiento de las cien flores» que han de significar nuevos conflictos ideológicos y sociales y una creatividad civil contestataria creciente. Y en campos, motivos, organizaciones y desarrollos diferentes y múltiples: una auténtica «floración múltiple y transversal», una nueva y más vital «primavera de las cien flores». Esa floración ya ha comenzado durante la pandemia, y hemos de fertilizarla en el futuro próximo. Ya no nos valen los viejos sistemas para intentar conocer y controlar el futuro: los sueños, los dioses, las hechiceras, los sacerdotes y los magos, los demonios, la locura, las sagradas palabras, el tarot, los posos del café, los psicofármacos «al por mayor», los «expertos» o los líderes incuestionables... Ni siquiera la estadística y la acumulación de datos son fiables incluso en la era del *big data*. O hay creatividad y desobediencia civil en muy diversos ámbitos, con la incertidumbre y las turbulencias que ello supone, o no hay cambio real. La inmutabilidad, la predictibilidad absoluta y la estereotipia social son imposibles en la salida creativa de una crisis, como lo es la transparencia total y pornográfica. No son aspiraciones basadas en la creatividad, sino en la organización relacional perversa [105, 140].

Gratitud y reparatividad frente a perversión

En mis últimos libros he tratado en una y otra ocasión la *organización perversa de la relación,* precisamente porque en los tiempos de crisis y cambio que nos ha tocado vivir es una de las fuerzas que se oponen a que ese cambio sea progresivo, en beneficio de lo nuevo, lo diferente y las mayorías. A menudo he expuesto las características fundamentales de la perversión y la organización perversa de la relación: la organización de las relaciones de un individuo, institución o grupo «dominada por la necesidad crónica de penetrar en la mente y/o el cuerpo de los demás para obtener poder, placer, sedación o equilibrio, pero sin contar para ello con su colaboración, sino de forma *intrusiva,* amañada o violenta» [140, 144].

En una obra anterior [144], resumía como sigue las características de esa forma psico(pato)lógica de organizar las relaciones:

1. El sadomasoquismo.
2. La *fetichización* de las relaciones fundamentales.
3. La dedicación a la intrusión: para entrar en la mente/cuerpo del otro sin contar con su voluntad ni su permiso.
4. Es la forma privilegiada de obtener placer, poder, equilibrio, sedación o experiencia de seguridad para esas perso-

nas u organizaciones: la proporcionada por la penetración misma (un placer sadomasoquista).

5. Con ella se crea una especie de *ideología interna* o ideología para el «consumo interno»: el Yo se pone al servicio de una moralidad corrupta *(«Mal, se tú mi bien»)*.

6. *Ideología externa:* ese sistema de racionalizaciones, como toda ideología, tiende a su completamiento y difusión, por lo que la perversión siempre incluye la tendencia a la construcción y desarrollo de ideologías y sistemas sociales pervertidos o corruptos o bien a su inclusión en ellos.

7. Lo cual no debe hacernos olvidar que la base para la organización perversa es la preponderancia en el desarrollo de los momentos vitales en los cuales el pensamiento tiende a estar infundido por la *cognición negativa y desconfiada de uno mismo y del otro*, es decir, por el miedo al otro, la ausencia de cuidados y la ira, emociones básicas, y por los sentimientos de des-confianza, des-esperanza, des-contención y des-amor.

8. De ahí que se desarrollen y adquieran gran importancia en la organización intrusiva o perversa sentimientos como la *envidia*: cuando predomina, la bondad, la gratitud, la capacidad de reparar, los aspectos amorosos o creativos del otro son insoportables.

9. La organización perversa combate la tendencia a la *gratitud* mediante su negación (el *narcisismo*), pero también mediante la escisión y las *defensas maníacas,* fundamentales en esta organización psicopatológica: control, triunfo y desprecio sobre el otro y «lo otro» (lo diferente y la diferencia).

10. Cuando la organización perversa de la relación tiene ocasión de utilizarse una y otra vez, y con cierto «éxito», posee una *gran capacidad adictiva*. La vinculación entre organización perversa y organización adicta posee po-

tentes bases neurológicas y psicológicas, en gran medida modeladas por experiencias previas de abandono emocional, abusos, negligencias, vías neurológicas y psicológicas sustitutivas para el placer, etc.

11. Su triunfo implica graves procesos de disociación de la identidad, de la personalidad, de los grupos sociales, de la sociedad.

12. E implica grandes dificultades para la elaboración de los duelos, pérdidas y frustraciones. Los duelos tienden a complicarse con procesos de duelo paranoides, maníacos, adictos o perversos.

Si repasamos con cuidado tales características, podemos observar que casi todas tienen que ver con la negación de la dependencia y, particularmente, con la evitación o negación del agradecimiento, la gratitud a los que nos dieron o nos dan. En la organización perversa de la relación no hay lugar para la gratitud y el agradecimiento. Si se intuyen, la negación maníaca acude a reequilibrar el sistema. Ni siquiera hay lugar para la *culpa reparatoria,* es decir, orientada por la reparatividad y la solidaridad, no por el solipsismo y la persecución (la culpa típicamente judeocristiana). Se desconfía de los demás profunda, sistemáticamente: por eso se intenta entrar en sus mentes y en sus cuerpos sin su colaboración, mediante sistemas de control, propaganda, corrupción, triunfo y desprecio del otro. Una situación mostrada con máxima crudeza en los múltiples ataques y «trolas» *(fake news)* difundidas perversamente por la red con ocasión de la pandemia de la COVID-19: haciendo decir cosas que no dijeron a Chomsky, a José Mujica, al presidente y vicepresidente del Gobierno de España, intentado desinformar masivamente... O, en el colmo de la perversión, el grupo de *hackers* detenido por intentar bloquear los sistemas informáticos de la sanidad española en la semana crucial de la pandemia (una intrusión que ya otros muchos habían intentado antes) [107].

Por esos motivos, y por otros varios motivos culturales en los que no puedo entrar aquí, creo que la forma de superar la actual crisis social —no solo la crisis de la COVID-19, sino la crisis más amplia que llevaba decenios desarrollándose— va a tener que ver con el desarrollo de una *cultura de la gratitud y la reparación*. Es lo que intenta evitar o negar la organización perversa: la necesidad de la gratitud y la reparación [71, 72, 73, 89, 105], así como la necesidad de fructificar y arquitrabar las actividades reparatorias, reales o simbólicas [140, 144]. De ahí que, a menudo, tanto a nivel institucional como micro y macrosocial nos encontremos inmersos en una y otra ocasión en un auténtico combate entre confianza, gratitud y reparación (y sus actitudes, actividades y organizaciones), por un lado, y perversión e intrusión (y sus actitudes, actividades y organizaciones) por otro. Y será un conflicto clave para los próximos meses y los próximos años, una vez que los aparatos de desinformación y manipulación recuperen todo el inmenso poder que la crisis, pero sobre todo, la respuesta creativa y solidaria ante la crisis ha silenciado (y silenciado solo parcialmente: incluso en los peores momentos de la crisis hemos visto a los «medios de comunicación» compitiendo en sensacionalismo y catastrofismo con tal de aumentar su audiencia, compitiendo por entrar en nuestras mentes no para conseguir un beneficio comunitario, sino por el beneficio privado de su personal dirigente, sus dueños y directivos).

La *gratitud* es un sentimiento y una tendencia moral que se basa en las emociones primigenias del placer-alegría y las emociones ligadas al conocimiento (la sorpresa y el placer del *seeking*, de la búsqueda), así como en la pena-tristeza, el desencadenante de la nostalgia, de la *morriña*, la *saudade,* la *dolça malenconia…* Es decir, los productos emocionales de la separación con valoración del otro perdido. Describe un estado afectivo-cognitivo consecutivo al reconocimiento de que hemos tenido en la vida momentos placenteros y displacenteros, y que, para el predominio de los primeros, así como para nuestro crecimiento global, han sido fundamentales unos «otros» que nos dieron y nos dan (amor, esperanza, confianza, contención, capacidad de pensar...). En especial, nuestros progenitores y cuidadores primigenios.

La *reparación,* o, mejor dicho, la inclinación hacia la *reparatividad,* estrechamente vinculada con la ética de los cuidados [89], utilizando diversas capacidades yoicas y procesos elaborativos tanto conscientes como inconscientes, se dirige a restaurar, reparar el objeto amado y dañado, ya sea en la realidad, real o simbólica, o ya sea en nuestra fantasía. Y dañado, entre otras cosas, por nuestros errores, insuficiencias o ataques, a veces reales y a veces tan solo en la fantasía y el deseo: por nuestra ira, por nuestro miedo, por nuestra envidia... Porque esos errores y daños son también inevitables ante la perentoriedad de las emociones primigenias y, sobre todo, de la ira, el miedo, el asco, la vergüenza... Uso el neologismo *reparatividad* para referirme a la posibilidad y la tendencia a reparar esos «daños» real o simbólicamente, algo que aparece a menudo en muchas personas y momentos de la vida y las relaciones.

En otro lugar [140] he mantenido que la *gratitud,* que da lugar a la *reparatividad,* así como al sentimiento de *integridad,* forma con ellos un conjunto de metasentimientos «casi filosóficos» o «éticos» y, desde luego, transitivos. La alternativa «democracia o barbarie», que hemos actualizado a «*Democracia Real o Barbarie uniformizadora basada en la perversión*», para inclinarse hacia el primer lado de la balanza, del lado de la democracia, necesita una organización social (y psicológica) basada en la solidaridad, en las diversas formas y despliegues de Eros y del Apego. La solidaridad, o está apoyada en la integridad, en la *gratitud* y en la *reparatividad* (la actitud de reparar), o no puede crecer, como ya hemos visto palmariamente en las reacciones ante el confinamiento y la crisis social con ocasión de la pandemia de la COVID-19.

Como decíamos, el ideal del yo, el ejemplo a imitar por los congéneres humanos ha dejado de ser el guerrero, el héroe, el mago, el sacerdote, el santo, el sabio, el hábil, el poderoso, el ejecutivo, el «experto», el acumulador de bienes materiales... Es posible que pueda pasar a ser el *ser humano orientado por la gratitud* (el reconocimiento agradecido de la dependencia) *y por la reparatividad* (la necesidad y capacidad de reparar nuestros errores y nuestros ataques a las relaciones interhumanas y a la naturaleza) y, por lo tanto, por la ética y la organización de los cuidados. Y eso implica un refuerzo del feminismo y lo femenino, desde luego.

Resume el rancio proverbio castellano: *es de bien nacido ser agradecido.* Más allá del amor y la «caridad» cristianos, mucho más allá del *ojo por ojo y diente por diente* (la ética esquizoparanoide), el ideal ético y la ética de los cuidados ha de estar orientada por esa *reparatividad basada en la equidad* (que no en la igualdad).

Las experiencias primarias placenteras de Amor son las que pueden poner en marcha la gratitud y son las que

> hacen posible toda felicidad posterior y el sentimiento de unidad con otra persona [...] esencial en toda amistad o relación amorosa feliz. [...] La gratitud está estrechamente ligada con la generosidad. La riqueza interna se deriva de haber asimilado el objeto bueno, de modo que el individuo se hace capaz de compartir sus dones con otros.[6] [...] De hecho, constituye asimismo la base de los recursos internos y de la elasticidad que pueden ser observados en aquellos que recuperan la paz espiritual aun después de haber atravesado una gran adversidad y dolor moral. [73]

6. Es decir: *la base para la solidaridad real es la gratitud.* Un buen resumen ... y de 1957 (!)

Una buena definición de un concepto que se ha puesto de moda… cincuenta años después, con el término de *resiliencia*. Recoge los sentimientos fundamentados en las experiencias placenteras cuando estas han sido predominantes: «Los que sienten que han tenido participación en la experiencia y placeres de la vida son mucho más aptos para creer en la continuidad de la vida» [73].

Donatien Alphonse François, el Marqués de Sade, ha sido uno de los pensadores que más abiertamente se ha atrevido a plantear la vía opuesta: la filosofía moral de la perversión. Se atrevió a concretar, de forma ciertamente provocativa, una teorización de la moral propia de las «organizaciones perversas de la relación». Una moral en la que el principio fundamental es el predominio del yo, del uno sin el otro, para el placer extremo, para la seguridad extrema, aunque sea a costa del mal, el dolor, la tortura, el crimen y la muerte del *otro*. Sade entendía que esa moral debía ser «enseñada» y que el primer y fundamental principio consistía en aprender a no sentir *compasión,* a no sentir *gratitud* (en nuestros términos), a no mentalizar, a no ser solidarios. La gratitud, la capacidad de sentirnos en deuda con otros seres por el amor y los placeres que nos proporcionaron (y por los sufrimientos que nos evitaron), es el primer y principal enemigo de la perversión. Para esta, lo fundamental es el placer personal, unívoco, narcisista, desmemoriado, desvinculado, al cual tienen que subyugarse todos los otros elementos de la vida, incluidas todas las personas con las que nos relacionamos. Pero ese «desaprendizaje moral» no es fácil, pues la tendencia a la gratitud, la compasión y la reparación impregnan la sustancia de la vida humana y las relaciones humanas. Se necesita un gran esfuerzo «sado-pedagógico» para extirparlas.

A la pedagogía de ese «desaprendizaje moral» dedicó Sade su *Filosofía en el tocador* (1795) [111]. Eugenia (etimológicamente «la bien nacida»), recién salida del convento, es iniciada en todas las formas de sexualidad y aleccionada en el hedonismo extremo en el transcurso de escasas horas. El resultado es una Eugenia perversa que renuncia a todas las virtudes y acaba complaciéndose con la cruel tortura de su propia madre. Donatien Alphonse François, el «divino Marqués», insiste en que la crueldad tiene que ser enseñada, reforzada, pues la gratitud, la compasión y la reparación son la argamasa de la vida humana y las relaciones humanas. Se necesita un gran esfuerzo «sado-pedagógico» para extirparlas.

La capacidad para el goce basado en la gratitud y la capacidad para la resignación sin amargura excesiva, conservando así la posibilidad de gozar, se hallan en la base de la *integridad,* en la concepción que aquí estamos defendiendo, y tanto en un sentido psicológico (Klein) como antropológico (Erikson). Algo que durante la crisis de la pandemia hemos podido ver con claridad tanto por su ausencia en algunas personas y personajes como por su abundante presencia en otras muchas personas y momentos.

Cuando Erikson [41] hablaba de *integridad* lo hacía desde un punto de vista antropológico, no moral. Se refería a esa forma de vivir de algunos (pocos) miembros de todas las culturas humanas que han logrado elaborar creadoramente esas escaramuzas emocionales que, inevitablemente, significa toda vida. Gracias a ello intentan hacerse una idea realista de su papel en el mundo, de su ciclo vital y de lo que pasará tras su muerte a sus seres queridos y a este (querido) mundo. Han podido integrar todos esos avatares, incluso esos sufrimientos, en una cognición más o menos oscura de un ciclo vital irrepetible: el suyo. Pueden sentir que aquello ha valido la pena, y que hay un cierto orden y un cierto valor en esa existencia y en las vivencias que la componen. De alguna forma más o menos intuitiva, el individuo dominado por esa perspectiva de la integridad siente que una vida individual es la coincidencia accidental de un solo ciclo de vida con solo un fragmento de la historia, que diría Erikson [41]. Por eso sus relaciones tienden a ilustrar una especie de *amor posnarcisista* hacia la especie y hacia uno mismo, como miembro único, aunque perecedero, de aquella.

Lo expresaba poéticamente una artista como Alyssa Monks [88], inspirándose en Davidson [34], otro neurocientífico de la afectividad…

> La *bondad* es el pináculo de la inteligencia. Es su punto más cenital, el instante en el que la inteligencia se queda sorprendida de lo que es capaz de hacer por sí misma. […] Suelo definir la bondad como todo curso de acción que colabora a que la felicidad pueda comparecer en la vida del otro. A veces se hace acompañar de la *generosidad,* que surge cuando una persona prefiere disminuir el nivel de satisfacción de sus intereses a cambio de que el otro amplíe el de los suyos, y que en personas sentimentalmente bien construidas suele ser devuelta con la *gratitud*. En la arquitectura afectiva coloco la bondad como contrapunto de la *crueldad* (la utilización del daño para obtener un beneficio), la *maldad* (ejecución de un daño aunque no adjunte réditos), la *perversidad* (cuando hay regodeo al infligir daño a alguien), la *malicia* (desear el perjuicio en el otro aunque no se participe directamente en él). La bondad es justo lo contrario a estos sentimientos que requieren del sufrimiento para poder ser. […] La bondad liga con la afabilidad, la ternura, el cuidado, la atención, la conectividad, la empatía, la compasión, la fraternidad, todos ellos sentimientos y conductas predispuestos a incorporar al otro tanto en las deliberaciones como en las acciones personales. Se trataría de todo el aparataje sentimental en el que se está atento a los requerimientos del otro.

Justamente en sentido contrario, Sade proponía una especie de «imperativo categórico invertido» (inverso al kantiano): lo que para la mayoría es obrar bien, cumplir la voluntad de actuar *por* deber, y no solo *conforme* al deber, para Sade es el resultado de la debilidad, de no ser capaces de seguir los dictados de una ley más natural, que no es otra que deleitarnos «no importa a costa de quién».

Por eso, en un campo opuesto, creo que debemos reivindicar y valorar la gratitud, la integridad y la reparatividad. Como decía en *Pérdida, pena, duelo* [138], implican «una perspectiva ideológica y sociocultural que he llamado provisionalmente *comunitarismo,* basada en la solidaridad y la creatividad social asentada sobre individuos libres e introdeterminados», pero introdeterminados no solo por el deber, sino también por el placer comunitario [48, 80, 138, 144]. Algo que la reacción de la mayor parte de la comunidad ante la crisis social creada a partir de la pandemia ha puesto en primer plano. Por eso volvemos a plantear a partir de ahí la extensión de una *cultura de la gratitud y la reparación,* algo bien contrario, por cierto, a la cultura de la negación maníaca, la disociación y el control por parte de organizaciones intrusivas o perversas.

Gratitud, integridad, reparatividad… Tales *metasentimientos* (es decir, emociones largamente cognitivizadas y simbolizadas a través de las experiencias relacionales de gran parte de la vida) son los que nos permiten ver nuestro lugar en el mundo, entre los allegados y los ajenos. Son los sentimientos que, en realidad, nos orientan hacia lo que debemos y no debemos sentir, pensar y hacer en el camino de la vinculación progresiva, de la interdependencia. Nos proporcionan la necesidad de una ética y unas normas morales más íntimas e indelebles. Son los sentimientos que nos permiten intuir de dónde venimos y qué vías y sistemas poseemos para que la muerte hacia la que vamos no impida nuestra participación autónoma, solidaria y gozosa en nuestra propia vida y en la de los que nos rodean; para aceptar que solo somos un grano de arena o una lágrima en la larga saga de oleadas y oleadas de generaciones que desaparecen para dar lugar a nuevas generaciones humanas.

Para todo ello, la gratitud consciente e inconsciente desempeña un papel fundamental: la gratitud hacia los que nos ayudaron a elaborar el impacto desorganizador de las primeras emociones, hacia los que nos defendieron y enseñaron a defendernos de las primeras amenazas y de las desorganizaciones de las primeras emociones desbordantes (y también de las posteriores), hacia los que nos contuvieron. De ahí el valor crucial de las relaciones y la solidaridad humana para la vida y para la supervivencia, como acabamos de vivir con la crisis social relacionada con la pandemia de la COVID-19 y seguiremos viviendo durante meses o años. Pero hemos de tener claro que todavía esos son rasgos neguentrópicos en nuestra cultura, elementos que necesitan energía suplementaria para su cultivo y desarrollo. Implican un cuidado intencional, a menudo trabajoso, de la integración social, de la solidaridad, del mundo emocional, de las perspectivas integrales de la salud...

En el ámbito asistencial, y, más aún en el ámbito de la sanidad y los cuidados psicológicos, deberían suponer la defensa de los valores psicológicos y sociales, sanitarios y económicos de la solidaridad, en vez de los valores de la profesionalización-medicalización heteronomizadoras, los de la *caridad religiosa* o los de la organización globalizada «neoliberal» —que, en realidad, solo es «librecambista», en nada partidaria de las libertades sociales— [12, 45-48, 80, 140].

En el ámbito social, cultural e individual, esa actitud alternativa debería implicar un esfuerzo por integrar en todos esos niveles la importancia de lo emocional, de las emociones primitivas, del cuidado de la infancia (el crisol de las emociones, la gratitud y la solidaridad), del cuidado de nuestros miembros temporal o crónicamente dependientes, del cuidado de los duelos, de la equidad en los intercambios entre personas, grupos y países, del cuidado de las relaciones y de los afectos vinculatorios por encima de los desvinculatorios, como son la desconfianza, la desesperanza, el odio, la incontinencia... Es decir, una actitud alternativa que implica la desobediencia civil ante muchos de los imperativos actuales del sistema, pues hoy marchan directamente en contra de todos y cada uno de esos puntos.

Por eso es seguro que en numerosas discusiones del futuro próximo habremos de echar mano de toda nuestra capacidad de cultivar la confianza y la esperanza, pues los motivos y voceros para la desconfianza y la desesperanza ya han sido, son y serán múltiples. Y necesitaremos de toda nuestra integridad y nuestra integración, por ejemplo, para atrevernos a llamar a las cosas por su nombre. Es el «escrache emocional», que tanto asusta a los distribuidores del poder del miedo e incluso a algunos de sus críticos. Pero es que el nuevo salto cualitativo en la democracia real solo puede lograrse combatiendo activamente los mecanismos y a los grupos «antielaborativos», antimentalización, manipuladores de la emocionalidad y las vivencias, así como a las organizaciones y las defensas perversas que se ponen en marcha ante las posibilidades de un cambio real; que ya antes de salir de la pandemia están presionado encarnizadamente por imponer las renuncias vergonzantes e irreversibles ejemplificadas en el último decenio de la República de Weimar. Incluso durante los peores momentos de la pandemia las hemos visto claramente en acción, perfilando y blandiendo sus bulos en sus granjas de *bots* y velando otras armas para los próximos días y años: ni siquiera han esperado a la salida de la pandemia para exhibirlas altaneramente.

La crisis cultural, social y psicológica provocada por la pandemia es una oportunidad para repensar normas, leyes, modelos y costumbres que hasta ahora solo una minoría cuestionaba. Una oportunidad para cambiar; una nueva oportunidad. Pero las tendencias ancladas en la vieja cultura esquizoparanoide, pseudoliberal, belicista y supremacista son muy fuertes, incluso dentro de nosotros [2, 12]. Tal vez demasiado fuertes. La propaganda masiva de la disociación y negación de lo pasado, sin tristeza y culpa colectivas y sectoriales, ya está aparatosamente presente en todos los niveles. Como sucedió con la epidemia de gripe de 1918…

En sentido contrario es otra ocasión para intentar avanzar hacia unas perspectivas más solidarias, más democráticas, más humanas; más *saludables,* en el amplio sentido del término [65,144]. Solo contestando persistentemente la ignorancia, la negación y esas manipulaciones y envites de lo viejo envejecido podremos defender y difundir activamente la integración emocional y cognitiva con los que nos rodean y rodearon, con los que nos dieron y nos dan, con la solidaridad humana como un sueño progresivamente realizable que nos ayude a integrar también, por más que duelan, los sufrimientos y los temores que nos van a acompañar a lo largo de los años venideros…

Como recordaba en un breve trabajo [145] en el comienzo de la emergencia social y sanitaria que ha dado origen a este libro, con ella perderemos posesiones, dinero, contratos, medios económicos…Y desde luego, salud y vidas. Pero precisamente por eso no podemos dejar de buscar, de *indagar* (otra emoción básica). Indagar, conocer, reflexionar, discutir por ejemplo sobre:

* qué podemos ganar en la vía del *humanismo radical* (considerar a la humanidad como un todo en el que *todo* puede difundirse, para bien y para mal),
* y del *ecologismo radical* (todo lo que *no* hagamos para cuidar el planeta y nuestro medio humano ha de volverse y se está volviendo contra nosotros).

Eso sería aprovechar la crisis, o, en lenguaje tradicional, «hacer de la necesidad virtud».

Y la gente se quedó en casa.
Y leyó libros y escuchó.
Y descansó y se ejercitó.
E hizo arte y jugó.
Y aprendió nuevas formas de ser.
Y se detuvo.

Y escuchó más profundamente.
Alguno meditaba.
Alguno rezaba.
Alguno bailaba.
Alguno se encontró con su propia sombra.
Y la gente empezó a pensar de forma diferente.

Y la gente se curó.
Y en ausencia de personas que viven de manera ignorante.
Peligrosos.
Sin sentido y sin corazón.
Incluso la tierra comenzó a sanar.

Y cuando el peligro terminó.
Y la gente se encontró de nuevo.
Lloraron por los muertos.
Y tomaron nuevas decisiones.
Y soñaron nuevas visiones.
Y crearon nuevas formas de vida.
Y sanaron la tierra completamente.
Tal y como ellos fueron curados.

(Kitty O'Meara, maestra jubilada de Madison, Estados Unidos.
Poema escrito durante la pandemia).

Bibliografía

1. ASOCIACIÓN ESPAÑOLA DE NEUROPSIQUIATRÍA, *Manifiesto AEN sobre la situación de emergencia COVID 19*, Madrid, AEN, 2020. https://aen.es/blog/2020/04/30/manifiesto-aen-sobre-situacion-de-emergencia-covid-19/

2. AGAMBEN, G.; ŽIŽEK, S.; NANCY, J. L.; BERARDI, F.; LÓPEZ PETIT, S.; BUTLER, J. *et al., Sopa de Wuhan,* Madrid, ASPO, 2020.

3. ANDERSON, R. M., HEESTERBEEK, H., KLINKENBERG, D. y HOLLINGS-WORTH, E. D., «How will country-based mitigation measures influence the course of the COVID-19 epidemic?», *The Lancet Psychiatry,* 2020, doi.org/10.1016/ S0140-6736(20)30567-5

4. ANSERMET, F. y MAGISTRETI, P., *A cada cual su cerebro. Plasticidad neuronal e inconsciente,* Buenos aires, Katz, 2006.

5. ARRUZZA, C.; BHAATTACHARYA, I. y FRASER, N., *Manifiesto de un feminismo para el 99%,* Barcelona, Herder, 2019.

6. ARTIGUE, J. y TIZÓN, J. L., «Una revisión sobre los factores de riesgo en la infancia para la esquizofrenia y los trastornos mentales graves del adulto», *Atención Primaria* 46(7), 2014, pp. 336-356. http://www.sciencedirect.com/science/article/pii/S0212656713003077.

7. ARTIGUE, J.; TIZÓN, J. L. y SALAMERO, M., «Reliability and Validity of the List of Mental Health Items (LISMEN)», *Schizophrenia research* 176(2-3), 2016, pp. 423-430, doi.org/10.1016/j.schres.2016.04.048

8. ARTIGUE, J., *Validación de un instrumento de detección de factores de riesgo de salud mental en la infancia y adolescencia. Listado de ítems en salud mental* (LISMEN), Tesis doctoral en Xarxa, Universitat Ramon Llull, 2012, http://hdl.handle.net/10803/83868

9. BAGOT, R. C. y MEANEY, M. J., «Epigenetics and the biological basis of gene × environment interactions», *Journal of the American Academy of Child and Adolescent Psychiatry* 49(8), 2010, pp. 752-771.

10. BARTHOLOMEW, R. E.; WESSELY, S. y RUBIN, G. J., «Mass psychogenic illness and the social network: is it changing the pattern of outbreaks?». *Journal of the Royal Society of Medicine* 105(12), 2012, pp. 509-512.

11. BATEMAN, A. W. y FONAGY, P., *Mentalization based treatment for borderline personality disorder: A practical guide*, Oxford England, Oxford University Press, 2006.

12. BAUMAN, Z., *La globalización: consecuencias humanas,* México, Fondo de Cultura Económica, 2016.

13. BAUMAN, Z., *Vida líquida,* Barcelona, Paidós, 2007.

14. BAUMGARTNER, T.; HEINRICHS, M.; VONLANTHEN, A.; FISCHBACHER, U. y FEHR, E., «Oxytocin shapes the neural circuitry of trust and trust adaptation in humans», *Neuron* 58, 2008, pp. 639-650.

15. BELL, D., «Is Truth an Illusion? Psychoanalysis and Postmodernism», *PEP/UCL Top Authors Project* 1(1), 2016, p. 9.

16. BENTALL, R. P., *Medicalizar la mente. ¿Sirven de algo los tratamientos psiquiátricos?,* Barcelona, Herder, 2011.

17. BERRY, K.; BUCCI, S. y DANQUAH, A. N., *Attachment Theory and Psychosis. Current Perspectives and Future Directions,* Londres y Nueva York, Routledge, 2020.

18. BION, W. R., *Atención e interpretación,* Buenos Aires, Paidós, 1974.

19. BLACKMAN, L., *Mass hysteria. Critical psychology and media studies*, Macmillan International Higher Education, 2017, https://www.macmillanihe.com/download_flyer.php?search=9780333647820&location=eu.

20. BOSS, L. P., «Epidemic hysteria: a review of the published literature», *Epidemiologic Reviews* 19(2), 1997, pp. 233-243.

21. BOWLBY, J., *A Secure Base,* Nueva York, Basic Books, 1988.

22. BOWLBY, J., *La pérdida afectiva,* Buenos Aires, Paidós, 1990.

23. BRECHT, B., *Poemas y canciones,* Madrid, Alianza, 2012.

24. BROOKS, S. K.; WEBSTER, R. K.; SMITH, L. E.; WOODLAND, L.; WESSELY, S.; GREENBERG, N. y RUBIN, G. J., «The psychological impact of quarantine and how to reduce it: rapid review of the evidence», *The Lancet Psychiatry* 395, 2020, pp. 912-920, doi.org/10.1016/S0140-6736(20)30460-8

25. BRÜN, A., *Mediaciones terapéuticas y psicosis infantil,* Barcelona, Herder, 2009.

26. CHOMSKY, N., «Falso artículo sobre el coronavirus, atribuido a Noam Chomsky, confunde las redes», Kaos en la red, 2020, https://kaosenlared.net/falso-articulo-sobre-el-coronavirus-atribuido-a-noam-chomsky-confunde-las-redes/ (Las camas de los hospitales se han suprimido en nombre de la eficiencia, entrevista de Valentina Nicoli en *Il Manifesto,* 20 de marzo de 2020, https://ctxt.es/es/20200302/Politica/31456/noam-chomsky-coronavirus-neoliberalismo-sanidad.htm).

27. CLARK, D. M., «Realizing the mass public benefit of evidence-based psychological therapies: the IAPT program», *Annual Review of Clinical Psychology,* 2018, 14:159-183. Disponible en: https://www.annualreviews.org/doi/full/10.1146/annurev-clinpsy-050817-084833.

28. COL.LEGI OFICIAL DE PSICOLOGIA DE CATALUNYA, *«Recomenacións de gestió psicològica durant quarentenes per malalties infeccioses»*, Barcelona, 2020, accesible en https://www.copc.cat/adjuntos/adjunto_15213/v/Guia

29. COLLIGAN, M. J.; PENNEBAKER, J. W. y MURPHY, L. R., *Mass psychogenic illness. A social psychological analysis,* Routledge, versión Kindle, 2013.

30. CONRAD, P., «Medicalization: Changing contours, characteristics, and contexts», *Medical sociology on the move,* Springer, Dordrecht, 2013, pp. 195-214.

31. DANGERFIELD, M., *Estudio de las consecuencias psicopatológicas de las adversidades relacionales en la infancia y de la transmisión del trauma transgeneracional,* Tesis doctoral, Barcelona, Universitat Ramon Llull, 2019.

32. DARWIN, C. «The expression of the emotions in man and animals (1872)», en D. M. Porter y P. W. Graham, *The portable Darwin,* Londres, Penguin Clasics, 1994, pp. 364-393.

33. DAVIDSON, R. J., «Affective neuroscience and psychophysiology. Toward a synthesis», *Psychophysiology* 40(5), 2003, pp. 655-665.

34. DAVIDSON, R. J.; SHERER, K. R. y GOLDSMITH, H. H. (eds.), *Handbook of affective sciences,* Oxford, Oxford University Press, 2009.

35. DE CERVANTES, M., *El ingenioso hidalgo don Quijote de la Mancha,* Oviedo, Nobel, 2015, p. 199. También en Aegitas, 2015.

36. DEBBANÉ, M.; SALAMINIOS, G.; LUYTEN, P.; BADOUD, D.; ARMANDO, M.; TOZZI, A. S.; FONAGY, P. y BRENT, B. K., «Attachment, neurobiology, and mentalizing along the psychosis continuum», *Frontiers in Human Neuroscience* 10, 2016, recuperado de https://www.ncbi.nlm.nih.gov/pmc/articles/PMC4992687/

37. DONE, J., *Meditations,* 1624, accesible en http://www.online-literature.com.

38. DUCH, Ll., *Mito, interpretación y cultura,* Barcelona, Herder, 2002.

39. ECO, U., *El nombre de la rosa,* Barcelona, Lumen, 1982, pp. 573-575.

40. EIBL-EIBESFELDT, I., *Amor y odio,* México, Siglo XXI Editores, 1972.

41. ERIKSON, E. H. *Infancia y sociedad,* Buenos Aires, Paidós, 1970.

42. EUROPEAN CENTRE FOR DISEASE PREVENTION AND CONTROL, Daily risk assessment on COVID-19, 2020, Consultado el 14 de marzo de 2020. Disponible en: https://www.ecdc.europa.eu/en/news-events

43. EUROSURVEILLANCE EDITORIAL TEAM (2020). Updated rapid risk assessment from ECDC on the novel coronavirus disease 2019 (COVID-19) pandemic: increased transmission in the EU/EEA and the UK. Eurosurveillance, 25(10). https://www.eurosurveillance.org/ Consultado el 8 de mayo de 2020.

44. FEDER, A.; NESTLER, E. J. y CHARNEY, D. S., «Psychobiology and molecular genetics of resilience. Nature Reviews», *Neuroscience* 10(6), 2009, pp. 446-457.

45. FERNÁNDEZ, A., *Locura de la Psiquiatría. Apuntes para una crítica de la psiquiatría y la «salud mental»,* Bilbao, Desclée de Brouwer, 2018.

46. FOUCAULT, M., *Nacimiento de la biopolítica,* Madrid, Akal, 2009.
47. FREUD, S. y EINSTEIN, A., *¿Por qué la guerra?,* Barcelona, Minúscula, 2001.
48. FREUD, S., *El malestar en la cultura y otros ensayos,* Madrid, Alianza, 1970.
49. GALEOTE, P.; TIZÓN, J. L.; SPAGNOLO, E.; PELLEGERO, N. y PLANS, R., «La cronificación del sufrimiento psicológico en la asistencia especializada ambulatoria de la Seguridad Social. Una perspectiva desde la Neuropsiquiatría de Zona», *Psiquis* 71, 1986, pp. 35-58.
50. GALLESE, V., «Mirror neurons, embodied simulation and a second-person approach to mind reading», *Cortex* 49(10), 2013, pp. 2954-2956.
51. GARCÍA, B., «Indicación de no-tratamiento para personas sin diagnóstico de trastorno mental», *Norte de Salud Mental* 43, 2012, pp. 43-52.
52. GARNER, A. S.; SHONKOFF, J. P.; GARNER, A. S. y COMMITTEE ON PSYCHOSOCIAL ASPECTS OF CHILD AND FAMILY HEALTH, 2010-2011 en Siegel, B. S.; Dobbins, M. I.; Earls, M. F.; Garner, A. S.; McGuinn, L.; Pascoe, J. y Wood, D. L., «The Lifelong Effects of Early Childhood Adversity and Toxic Stress», *Pediatrics* 2012, 12:129-232.
53. GENERALITAT DE CATALUNYA, *Coranovirus SARS-Co-V-2 COVID-19- Casos positius. Taxes estadartizades per edat, sexe i area de salut per 100.000 habitants.* Consultado el 30 de marzo de 2020. Disponible en: http://aquas.gencat.cat/ca/actualitat/ultimes-dades-coronavirus/mapa-per-abs/, actualizado diariamente.
54. GENERALITAT DE CATALUNYA-SERVEI DE VIGILÀNCIA EPIDEMIOLÒGICA I RESPOSTA A EMERGÈNCIES DE SALUT PÚBLICA, Informes tècnics de COVID-19 a Catalunya, en https://web.gencat.cat/ca/coronavirus/, actualizado semanalmente
55. GERVÁS, J., «Medidas contra el coronavirus: tan drásticas que pueden provocar más daño del que eviten», en https://www.actasanitaria.com
56. GERVÁS, J., «Moderación en la actividad médica preventiva y curativa. Cuatro ejemplos de necesidad de prevención cuaternaria en España», *Gaceta Sanitaria* 20 (supl. 1), 2006, pp. 127-34.
57. GIUBILINI, A.; DOUGLAS, T.; MASLEN, H. y SAVULESCU, J., «Quarantine, isolation and the duty of easy rescue in public health», *Developing World Bioethics* 18, 2018, pp.182-189, doi:10.1111/dewb.12165.
58. GREEN, V., *Emotional Developments in Psychoanalysis, Attachment Theory and Neuroscience,* Nueva York, Brunner-Routledge, 2003.
59. GRUPO DE SALUD MENTAL DEL PAPPS, BUITRAGO, F.; CIURANA, R.; FERNÁNDEZ, M. C. y TIZÓN, J. L., Salud Mental en epidemias: Una perspectiva desde la Atención Primaria a la Salud Española, en semFYC y PAPPS, blog, abril de 2020, https://drive.google.com/file/d/1C54bAR-LDhIS5ox5NfkKDjJpg0c-mChA/view.
60. GRUPO DE SALUD MENTAL DEL PAPPS, BUITRAGO, F.; CIURANA, R.; FERNÁNDEZ, M. C. y TIZÓN, J. L.; «Pandemia de la COVID-19 y salud mental:

Reflexiones iniciales de la Atención Primaria de Salud española», *Revista de AP,* 2020 (en prensa)

61. HAN, B.-C., *Psicopolítica,* Barcelona, Herder, 2014.
62. HAN, B.-C., *La sociedad del cansancio,* Barcelona, Herder, 2012.
63. HERNÁNDEZ-MONSALVE, M., *Sobre la Pandemia COVID-19. Desde la subjetividad hacia la inmersión en la realidad.* Madrid, Asociación Madrileña de Rehabilitación Psicosocial, 2020. Accesible en http://www.amrp. info/?p=1276.
64. HOEKZEMA, E.; BARBA, E.; POZZOBON, C.; PICADO, M.; LUCCO, F.; BALLESTEROS, A. *et al.,* «Pregnancy leads to long-lasting changes in human brain structure», *Nature Neuroscience* 20, 2017, pp. 287-296, doi:10.1038/nn.4458.
65. ILLICH, I., *Némesis médica. La expropiación de la salud,* Barcelona, Barral, 1975.
66. IMPERIAL COLLEGE COVID-19 RESPONSE TEAM, «Impact of non-pharmaceutical interventions (NPIs) to reduce COVID-19 mortality and healthcare demand», 16 de marzo de 2020, doi.org/10.25561/77482.
67. JEONG, H.; YIM, H. W.; SONG, Y.-J.; KI, M.; MIN, J.-A.; CHO, J. *et al.,* «Mental health status of people isolated due to Middle East respiratory syndrome», *Epidemiol Health* 38, 2016.
68. KANG, L.; LI, Y.; HU, S.; CHEN, M.; YANG, C.; YANG, B. X. *et al.,* «The mental health of medical workers in Wuhan, China dealing with the 2019 novel coronavirus», *The Lancet Psychiatry* 7(3), 2020, p. 14.
69. KELLERHOFF, S. V., *Mi lucha. La historia del libro que marcó el siglo XX,* Madrid, Crítica, 2016.
70. KHASHAN, A. S.; ABEL, K. M.; MCNAMEE, R.; PEDERSEN, M. G.; WEBB, R. T. *et al.,* «Higher risk of offspring schizophrenia following antenatal maternal exposure to severe adverse life events», *Archives of General Psychiatry* 65,2, 2008, pp. 146-152.
71. KLEIN, M., «Contribución a la psicogénesis de los estados maniacodepresivos (1974)», en *Obras completas,* Buenos Aires, Paidós-Hormé, vol. II. (1978).
72. KLEIN, M., «El duelo y su relación con los estados maniacodepresivos» en *Obras completas,* Buenos Aires, Paidós-Hormé, vol. 1 (1978), 1940, pp. 270-302.
73. KLEIN, M., «Envidia y gratitud (1957)», en *Obras completas,* Buenos Aires, Paidós-Hormé, vol. 6, 1974.
74. KLEIN, N., *La doctrina del shock,* Barcelona, Paidós, 2007.
75. LESSENICH, S., *La sociedad de la externalización,* Barcelona, Herder, 2019.
76. LASA, A., *Mensaje en tiempos virales. Carta de Opinión,* Madrid, SEPYPNA, 2020. https://www.sepypna.com/
77. LI, Q.; GUAN, X.; WU, P.; WANG, X.; ZHOU, L.; TONG, Y. y XING, X. (2020), «Early Transmission Dynamics in Wuhan, China, of Novel Coronavirus–Infected Pneumonia», *New England Journal of Medicine,* 2020.

78. LÓPEZ, V. y PADILLA, J. (eds.), *Salubrismo o barberie. Un mapa entre la salud y sus determinantes sociales*, Madrid, Atrapasueños, 2.ª edición, 2020.

79. MANUELL, M.-E. y CUKOR, J., «Mother Nature versus human nature: public compliance with evacuation and quarantine», *Disasters* 35, 2011, pp. 417-442.

80. MARCUSE, H., *El hombre unidimensional*, Barcelona, Ariel, 1964.

81. MARMOT, M. G., «Inequalities in health», *New England Journal of Medicine* 345(2), 2001, pp. 134-136.

82. MÁRQUEZ, S. y MENEU, R., «La medicalización de la vida y sus protagonistas», *Gestión Clínica y Sanitaria* (5), 2003, pp. 47-53.

83. MARTÍN, A.; CANO, J. F. y GENÉ, J. (eds.), *Atención primaria. Principios, organización y métodos en medicina de familia*, Madrid, Elsevier, 2019.

84. MELTZER, D., *Desarrollo kleiniano*, Buenos Aires, Spatia, 1990.

85. MIHASHI, M.; OTSUBO, Y.; YINJUAN, X.; NAGATOMI, K.; HOSHIKO, M. y ISHITAKE, T., «Predictive factors of psychological disorder development during recovery following SARS outbreak», *Health Psychology* 28, 2009, pp. 91-100.

86. MINISTERIO DE SANIDAD, «Enfermedad por nuevo coronavirus, CO-VID-19», accesible en https://www.mscbs.gob.es/profesionales/saludPublica/ccayes/alertasActual/nCov-China/home.htm

87. MONCRIEFF, J., *Hablando claro. Una introducción a los fármacos psiquiátricos*, Barcelona, Herder, 2013.

88. MONKS, A., «La bondad es el punto más elevado de la inteligencia», en *Espacio Suma no cero*, mayo de 2017, https://espaciosumanocero. blogspot.com.es/2017/05/la-bondad-es-el-punto-mas-elevado-de-la. html?m=1, visitada en julio de 2017.

89. NUSSBAUM, M.C., *Paisajes del pensamiento. La inteligencia de las emociones*, Barcelona, Paidós, 2008.

90. ORGANIZACIÓN MUNDIAL DE LA SALUD, «Global Surveillance for human infection with novel coronavirus (2019-nCoV). Interim guidance», 31 de enero de 2020, https://www.who.int/publications-detail/global-surveillance-for-human-infection-with-novel-coronavirus-(2019-ncov)

91. ORGANIZACIÓN MUNDIAL DE LA SALUD, Brote de enfermedad por coronavirus (COVID-19), https://www.who.int/health-topics/coronavirus https://www.who.int/es/emergencies/diseases/novel-coronavirus-2019, visitada en mayo del 2020.

92. OSALDE, «Guía de apoyo psicosocial durante esta epidemia de coronavirus», Bilbao, Osalde, 2020, https://ome-aen.org/guia-de-apoyo-psicosocial-durante-esta-epidemia-de-coronavirus/

93. PALLY, R., «Emotional processing. The mind-body connection», *International Journal of Psycho-Analysis* 79, 1998, pp. 349-362.

94. PANKSEPP, J. y BIVEN, L. *The Archaeology of Mind. Neuroevolutionary Origins of Human Emotions*, Nueva York, Norton Company, 2012.

95. PANKSEPP, J., *Affective Neuroscience. The Foundations of Human and Animal Emotions,* Nueva York, Oxford University Press, 1998.
96. PAÑELLA, H.; MALDONADO, R. y TIZÓN, J. L., «No es histeria todo lo que reluce. Carta al Director», *Atención Primaria* 26(9), 2000, pp. 647-649.
97. PAULES, C. I.; MARSTON, H. D. y FAUCI, A. S., «Coronavirus Infections-More Than Just the Common Cold», *The Journal of the American Medical Association,* 2020, doi:10.1001/jama.2020.0757
98. PÉREZ, M., *El mito del cerebro creador. Cuerpo, conducta y cultura,* Madrid, Alianza, 2011.
99. PFAFF, D.W., *El cerebro altruista. Por qué somos naturalmente buenos,* Barcelona, Herder, 2017.
100. PIAGET, J., «Introduction et varietés de l'épistémologie», en J. Piaget (ed.), *Logique et connaissance scientifique,* Dijon, Gallimard, 1969.
101. PINKER, S., *Los ángeles que llevamos dentro. El declive de la violencia y sus implicaciones,* Barcelona, Paidós, 2012.
102. QIU, J.; SHEN, B.; ZHAO, M.; WANG, Z.; XIE, B. y XU, Y., «A nationwide survey of psychological distress among Chinese people in the COVID-19 epidemic: implications and policy recommendations», *General Psychiatry* 2020(33), doi:10.1136/ gpsych-2020-100213.
103. QU, Z.; TIAN, D.; ZHANG, Q.; WANG, X.; HE, H.; ZHANG, X. y XU, F. (2012, «The impact of the catastrophic earthquake in China's Sichuan province on the mental health of pregnant women», *Journal of affective disorders,* 136(1-2), pp. 117-123.
104. QUINLAN, M., «Precarity and workplace wellbeing: A general review», en Nichols, T. y Walters, D. (eds.), *Safety or Profit? International Studies in Governance, Change and the work Environment,* Nueva York, Baywood Publishing Company, 2013:17-31.
105. RACAMIER, P-C., «De la perversion narcissique», *Gruppo, Revue de Psychanalyse Groupale* 3, 1987, pp. 11-27.
106. RAJMIL, L., «El impacto de la crisis económica en la salud de los niños. ¿Qué sabemos?», en *Cuadernos de la Fundació Víctor Grífols i Lucas* 44: «Crisis y salud mental en niños y jóvenes: ¿Causa o consecuencia?», Barcelona, Fundación Grífols, 2017, pp. 25-34 (también en http:// www.fundaciongrifols.org).
107. RAMONET, I., «Coronavirus: la pandemia y el Sistema-mundo», *El Mundo,* 29 de abril de 2020. https://www.pagina12.com.ar/262989-coronavirus-la-pandemia-y-el-sistema-mundo. Consultado el 3/05/2020.
108. RECASENS, J. M.; TIZÓN, J. L. y PELLEGERO, N., «La perspectiva grupal en atención primaria en salud mental», en Tizón, J.L. (dir.), *Salud Mental en Atención Primaria y Atención Primaria a la Salud Mental,* Barcelona, DOYMA, 1992.
109. RIUS, C.; BASELGA, E.; TIZÓN, J. L.; FUENTES, P.; MUÑOZ, F.; ROIGÉ, G.; LLEBARIA, X. y CAYLA, J.A., «Investigation of a suspected outbreak of lipoatrophia semicircularis in children», *Medicina Clínica (English Edition)*

149(3), 2017, pp. 101-106, doi.org/10.1016/j.medcli.2017.01.032. [en castellano: «Investigación de una sospecha de brote de lipoatrofia semicircular en niños», *Medicina Clínica,* 217, 149(3), Barcelona, pp. 101-106].

110. RUBIN, G. J.; HARPER, S.; WILLIAMS, P. D.; ÖSTRÖM, S.; BREDBERE, S.; AMLÔT, R. *et al.,* «How to support staff deploying on overseas humanitarian work: a qualitative analysis of responder views about the 2014/15 West African Ebola outbreak», *European Journal of Pharmacology 7,* 2016. https://www.ncbi.nlm.nih.gov/pmc/articles/PMC5116059/

111. SADE, M. De, *La filosofía en el tocador, o los preceptores inmorales. Diálogos para la educación de las jóvenes señoritas,* Madrid, Valdemar, 2008.

112. SANZ, M. J., «Orientaciones para la crianza. Guía de documentos destinados a los padres», *Cuadernos del SIPOSO* 5, 2014.

113. SARTRE, J. P., *Huis clos,* París, Gallimard, 1976.

114. SCHORE, A. N., *Affect Disregulation and Disorders of the Self,* Nueva York, Norton, 2003.

115. SEIKKULA, J. y ARNKIL, T. E., *Diálogos abiertos y anticipaciones terapéuticas. Respetando la alteridad en el momento presente,* Barcelona, Herder, 2019, pp. 11-23.

116. SEMFYC y otras 20 instituciones o sociedades españolas médicas y de bioética, «Recomendaciones generales relacionadas con las decisiones éticas difíciles y la adecuación de la intensidad asistencial/ingreso en las unidades de cuidados intensivos en situaciones excepcionales de crisis, visitado en marzo de 2020 en https://www.segg.es/media/descargas/CONSENSO-RECOMENDACIONES-UCI-COVID-19.pdf

117. SHONKOFF, J. P.; GARNER, A. S. y COMMITTEE ON PSYCHOSOCIAL ASPECTS OF CHILD AND FAMILY HEALTH, 2010-2011 (Siegel, B. S.; Dobbins, M. I.; Earls, M. F.; Garner, A. S.; McGuinn, L., Pascoe, J. y Wood, D. L.), «The Lifelong Effects of Early Childhood Adversity and Toxic Stress», *Pediatrics* 12, 2012, pp. 129-232.

118. SIEGEL, J. D.; RHINEHART, E.; JACKSON, M. y CHIARELLO, L., «The Healthcare Infection Control Practices Advisory Committee», *Guideline for Isolation Precautions. Preventing Transmission of Infectious Agents in Healthcare Settings,* julio de 2019, https://www.cdc.gov/infectioncontrol/pdf/guidelines/isolation-guidelines-H.pdf

119. SMALL, G. W. y NICHOLI, A. M., «Mass hysteria among schoolchildren. Early loss as a predisposing factor», *Archives of General Psychiatry* 39(6), 1982, pp. 721-724.

120. SMALL, G. W.; PROPPER, M. W.; RANDOLPH, E. T. y ETH, S., «Mass hysteria among student performers: social relationship as a symptom predictor», *The American Journal of Psychiatry* 148(9), 1991, pp. 1200-1205.

121. SOCIEDAD ESPAÑOLA DE PSIQUIATRÍA, «Cuidando la salud mental del personal sanitario», consultado el 18 de marzo de 2020, disponible en:

http://www.sepsiq.org/file/InformacionSM/SEP COVID19-Salud Mental personal sanitario.pdf

122. SOETGEN, J., *Ecología del miedo,* Barcelona, Herder, 2019.

123. SPINNEY, L., *El jinete pálido. 1918: la epidemia que cambió el mundo,* Madrid, Crítica, 2018.

124. STEINER, G., *Lenguaje y silencio. Ensayos sobre la literatura, el lenguaje y lo inhumano,* Barcelona, Gedisa, 1990.

125. STIGLITZ, J. E., *The Price of Inequality. How Today Divided Society Endangers Our Future,* Nueva York, Norton, 2012.

126. SZYF, M., «The early life social environment and DNA methylation», *Clinical genetics* 81(4), 2012, pp. 341-349.

127. TALARN, A., *Globalización y salud mental,* Barcelona, Herder, 2007.

128. TALARN, A.; SÁINZ, F. y RIGAT, A., *Relaciones, vivencias y psicopatología. Las bases relacionales del sufrimiento mental excesivo,* Barcelona, Herder, 2013.

129. TAYLOR, M. R.; AGHO, K. E.; STEVENS, G. J. y RAPHAEL, B., «Factors influencing psychological distress during a disease epidemic: data from Australia's first outbreak of equine influenza», *BMC Public Health* 8, 2008, p. 347.

130. TEICHER, M. H.; «The neurobiology of child abuse: maltreatment at an early age can have enduring negative effects on a child's brain development and function. Stress sculpts the brain to exhibit various antisocial, though adaptive, behaviors», *Scientific American* 3, 2002, pp. 68-75.

131. THE LANCET PSYCHIATRY (2020), Editorial: Send in the therapists? *The lancet. Psychiatry, 2020, 7(4): 291.*

132. TIZÓN, J. L., *Introducción a la epistemología de la psicopatología y la psiquiatría,* Barcelona, Ariel, 1978.

133. TIZÓN, J. L. (dir.), *Salud Mental en Atención Primaria y Atención Primaria a la Salud Mental,* Barcelona, DOYMA, 1992.

134. TIZÓN, J. L., *Componentes psicológicos de la práctica médica. Una perspectiva desde la Atención Primaria,* Barcelona, Biblària, 2000.

135. TIZÓN, J. L., *El poder del miedo ¿Dónde guardamos nuestros temores cotidianos?,* Barcelona, Milenio, 2011a [ed. en catalán, *El poder de la por,* Lleida, Pagés, 2011].

136. TIZÓN, J. L., «Crianza de los hijos y actividad laboral: I y II», *Revista de Psicopatología y Salud Mental del Niño y del Adolescente* 2011, 17(4):27-39 y 2011 18(11):15-33.

137. TIZÓN, J. L., *Entender las psicosis. Hacia un enfoque integrador,* Barcelona, Herder, 2013.

138. TIZÓN, J. L., *Pérdida, pena, duelo. Vivencias, investigación y asistencia,* Barcelona, Herder, 2013.

139. TIZÓN, J. L., *Familia y psicosis. Cómo ayudar en el tratamiento,* Barcelona, Herder, 2014.

140. TIZÓN, J. L., *Psicopatología del poder. Un ensayo sobre la perversión y la corrupción,* Barcelona, Herder, 2015.

141. TIZÓN, J. L., «Medicina o bioingeniería. Una reflexión a partir de la «histeria de masas» o «trastorno conversivo epidémico»», en Aparicio, V. y Angosto, T., *El componente de salud mental en el Hospital General,* Madrid, AEN, 2015, pp. 53-85.

142. TIZÓN, J. L., «Modelo biopsicosocial, epistemología y psicopatología. ¿Es posible construir modelos asistenciales integradores sin una psico(pato)logía basada en la relación?», en Gay, E.; del Río, F. y Carmona, J., *El sujeto de la conducta, el sujeto de la relación, el sujeto en la sociedad actual,* Madrid, AEN, 2015.

143. TIZÓN, J. L., *Medicaliza la infancia, que algo queda,* Madrid, El Hilo, 2019.

144. TIZÓN, J. L., *Apuntes para una psicopatología basada en la relación* (vol. 1, *Psicopatología general;* vol. 2, *Relaciones dramatizadas, atemorizadas y racionalizadoras;* vol. 3, *Relaciones emocionalizadas, intrusivas, actuadoras y «operatorias»,* Barcelona, Herder, 2018-2020.

145. TIZÓN, J. L., «¿Cómo nos afectan las epidemias?», *Mente Sana* 152, 2020, p. 3.

146. TIZÓN, J. L., *Salud emocional en tiempos de pandemia. Reflexiones urgentes* (1.ª edición en epub), Barcelona, Herder, 2020.

147. TIZÓN, J. L.; CLERIES, X. y DAURELLA, N. (comps.), *¿Bioingeniería o medicina? El futuro de la medicina y la formación de los médicos,* Barcelona, Pensódromo 21, 2013.

148. TIZÓN, J. L. y PAÑELLA, H., «En el centenario de los *Estudios sobre la Histeria.* Un servicio de epidemiología atendiendo un brote de histeria colectiva», *Informaciones Psiquiátricas* (150-151), 1998, pp. 9-37.

149. TIZÓN, J. L.; PAÑELLA, H.; MALDONADO, R.; SANZ, M.; CORTINA, C. y BELLVER, V., «A propósito de un brote de Trastorno Conversivo Epidémico», *Atención Primaria* 18(9), 1996, pp. 511-526.

150. TIZÓN, J. L.; PAÑELLA, H. y MALDONADO, R., «¿Epidemia de histeria, trastorno conversivo epidémico o trastornos somatomorfos epidémicos? Un nuevo caso de una realidad para el siglo XXI», *Atención Primaria* 25(7), 2000, pp. 479-489.

151. TIZÓN, J. L.; RAZQUIN, M. y TORREGROSA, M., «El llanto del niño como comunicación. El espasmo del sollozo y el cólico del lactante en la Atención Primaria Pediátrica», en Bras, J.; de la Flor, J. E.; Martín, I. y Torregrosa, J. M. (dirs.), *Pediatría en Atención Primaria,* Barcelona, Elsevier, 2017.

152. TIZÓN, J. L.; SPAGNOLO, E. y PELLEGERO, N., «La "cronificació medicalitzada" en les actuals consultes de Neuropsiquiatría de Zona: Resum d'una investigació», *El procés d'emmalaltir, Llibre del XII Congrés de Metges i Biòlegs de Llengua Catalana,* Castelló de la Plana, Institut d'Estudis Catalans-Institució Alfons el Magnánim, 1984, pp. 325-347.

153. TIZÓN, J. L. y SFORZA, M., *Días de duelo. Encontrando salidas,* Barcelona, Alba, 2008.

154. Volkan, V., *Psicología de las sociedades en conflicto. Diplomacia, relaciones internacionales y psicoanálisis,* Barcelona, Herder, 2018.

155. Volkan, V., *Inmigrantes y refugiados: trauma, duelo permanente, prejuicio y psicología fronteriza,* Barcelona, Herder, 2019.

156. Winnicott, D.W., *La familia en la formación del individuo,* Buenos Aires, Hormé, 1971.

157. World Health Organization (2020). Mental health and psychosocial considerations during the COVID-19 outbreak, 18 March 2020.World Health Organization. Consultado el 19 de marzo de 2020. Disponible en: https://apps.who.int/iris/bitstream/handle/10665/331490/WHO-2019-nCoV-MentalHealth-2020.1-eng.pdf

158. World Health Organization. «Statement on the second meeting of the International Health Regulations (2005) Emergency Committee regarding the outbreak of novel coronavirus (2019-nCoV)», 30 de enero de 2020, https://www.who.int/news-room/detail/30-01-2020-statement-on-the-second-meeting-of-the-international-health-regulations-(2005)-emergency-committee-regarding-the-outbreak-of-novel-coronavirus-(2019-ncov)

159. Zhou, W., *101 consejos basados en la ciencia del «Manual de prevención del coronavirus» que podrían salvar su vida,* Wuhan, Hubei Science and Technology Press, 2020.

160. Žižek, S., «Un claro elemento de histeria racista en el nuevo coronavirus», *Rusia Today,* 3 de febrero de 2020, https://www.bloghemia.com/2020/03/slavoj-Žižek-un-claro-elemento-de.html

161. Žižek, S., *Sobre la violencia. Seis reflexiones marginales,* Buenos Aires, Paidós, 2009.